Johann Wolfgang von Goethe

Die Leiden des jungen Werther.

In Einfacher Sprache

Inhalt

Erstes Buch
Seite 4

Zweites Buch
Seite 51

Der Herausgeber an den Leser
Seite 80

Impressum
Seite 108

Erstes Buch

Am 4. Mai 1771

Bin ich froh, weg zu sein! Lieber Freund, Menschenherzen sind kompliziert. Ich musste dich verlassen, obwohl ich dich liebe. Aber ich bin trotzdem froh. Du wirst mir verzeihen.
Mein Leben war nicht einfach. Arme Leonore! Ich habe nichts Böses getan. Sie hat sich wohl in mich verliebt. Aber konnte ich das wissen? Aber war ich wirklich unschuldig? Habe ich ihre Gefühle bestärkt? Habe ich über Dinge gelacht, auch wenn sie eigentlich nicht lustig waren? Warum beschweren wir uns über uns selbst? Ich will besser werden, Freund. Ich will nicht mehr über vergangene üble Dinge nachdenken. Ich will das Jetzt genießen und das Vergangene vergessen. Du hast recht. Menschen sollten nicht immer an schmerzhafte Erinnerungen denken. Dann würden sie weniger leiden.
Sie sollten lieber im Moment leben. Auch wenn der gerade keine Bedeutung hat.

Ich kann gut das Geschäft meiner Mutter leiten. Ich werde ihr bald davon erzählen. Ich habe mit meiner Tante gesprochen. Sie ist nicht so böse, wie alle sagen. Sie ist lebhaft und hat ein gutes Herz. Ich habe ihr von den Problemen mit dem Erbe erzählt. Sie hat mir ihre Gründe und Bedingungen erklärt. Sie will alles geben, sogar mehr als wir wollen. Ich will jetzt nicht darüber schreiben. Ich sage meiner Mutter, es wird alles gut.

Oft bereiten Missverständnisse und Faulheit Probleme.
Das habe ich gelernt. Nicht immer sind es Gemeinheit und Böses.
Die sind eher selten.

Ich fühle mich hier sehr wohl. Die Ruhe hier ist wie eine Medizin für mein Herz. Diese Gegend ist wie ein Paradies. Es ist Frühling und mein Herz fühlt sich warm an. Überall blühen Bäume und Sträucher. Es riecht überall gut. Man möchte wie ein Maikäfer sein und in den Düften schweben.

Die Stadt gefällt mir nicht. Aber die Natur drumherum ist sehr schön. Ein Graf hat hier mal einen Garten auf einem Hügel angelegt. Die Hügel und Täler hier sind sehr hübsch.

Der Garten ist einfach. Jemand hat ihn mit Liebe angelegt. Das spürt man sofort. Dieser Mensch wollte hier glücklich sein. Ich habe oft im kleinen, alten Häuschen geweint. Nun ist er fort. Es war sein Lieblingsort. Es ist auch mein Lieblingsort. Bald werde ich der Herr im Garten sein. Der Gärtner mag mich schon nach wenigen Tagen. Es wird ihm gut mit mir gehen.

Am 10. Mai

Ich fühle mich sehr heiter. Es ist wie ein schöner Frühlingsmorgen, den ich sehr genieße. Ich bin allein und freue mich über mein Leben hier. Diese Gegend passt zu Seelen wie meiner. Ich bin glücklich und ruhig. Ich kann nicht einmal malen. Ich kann keinen Strich zeichnen. Aber ich habe mich noch nie so sehr als Maler gefühlt wie jetzt.

Manchmal liegt das Tal um mich herum im Nebel, und die Sonne scheint auf den dunklen Wald. Dann sehe ich nur wenige Sonnenstrahlen. Oder ich liege im hohen Gras am Bach und sehe viele kleine Gräser. Ich sehe auch viele kleine Tiere zwischen den Gräsern. Dann weiß ich: Gott ist bei mir. Er hat uns alle erschaffen. Ich spüre auch die Liebe von Gott. Er hält und trägt uns immer. Mein Freund, manchmal werde ich müde und die Welt und der Himmel um mich herum ruhen in meiner Seele. Dann will ich diese Gefühle am liebsten aufschreiben. Genau wie sie in mir sind. Das Papier soll meine Gefühle zeigen. So wie ich die Welt von Gott fühle. Aber mein Freund: Diese schönen Dinge machen mich fast kaputt.

Vielleicht gibt es hier Geister. Oder meine Fantasie macht alles so schön. Ich weiß es nicht genau. Es gibt einen Brunnen vor dem Ort. Dort bin ich gebannt wie bei Melusine und ihren Schwestern. Sie erscheint dort als Fee.

Man geht einen kleinen Hügel hinunter. Davor ist ein Gewölbe. Man muss etwa zwanzig Stufen hinuntergehen. Unten sprudelt sehr klares Wasser aus einem Marmorstein. Oben ist eine kleine Mauer. Große Bäume stehen um den Platz herum. Es ist dort sehr kühl. Der Ort fühlt sich besonders und ein bisschen gruselig an. Ich sitze jeden Tag eine Stunde dort. Mädchen aus der Stadt kommen und holen Wasser. Früher haben das sogar Königstöchter gemacht. Dort sitze ich oft und denke an alte Zeiten. Ich denke an alte Geschichten. Wie Leute sich am Brunnen trafen und die Mädchen umschwärmten. Ich denke, es sind gute Geister um den Brunnen herum. Ein Gefühl, wie wenn man sich nach einem heißen Tag am Brunnen erfrischt.

Am 13. Mai

Du fragst, ob du mir meine Bücher schicken sollst? Bitte schick sie nicht! Ich brauche keine Bücher zum Anleiten oder Anfeuern. Mein Herz ist schon aufgeregt genug. Ich brauche etwas Beruhigendes. Das finde ich in meinem Buch von Homer. Oft beruhige ich mein aufgewühltes Herz damit. Mein Herz ist sehr unruhig.

Muss ich dir das sagen? Ich war oft traurig und wurde dann übermütig.

Du hast das oft gesehen. Ich war voller schlechter Leidenschaft.
Ich behandle mein Herz wie ein krankes Kind. Ich erlaube ihm alles.
Erzähle das nicht weiter. Manche Leute würden das nicht gut finden.

Am 15. Mai

Die einfachen Leute hier mögen mich. Besonders die Kinder.
Ich habe etwas Trauriges bemerkt. Ich war neu her, da wollte ich nett sein. Einige dachten, ich mache Witze über sie. Sie waren unfreundlich zu mir. Das störte mich nicht. Aber ich habe wieder gemerkt: Leute aus besserer Gesellschaft halten Abstand zu einfachen Leuten. Sie haben sonst Angst etwas zu verlieren. Und manche machen sich über arme Leute lustig.

Ich weiß, wir sind nicht alle gleich. Aber Abstand zu halten zu einfachen Leuten finde ich falsch. Manche denken, sie müssen das. Dann bekommen sie Respekt. Genau so kann man sich aus Angst zu verlieren vor einem Feind verstecken.

Ich kam zum Brunnen und sah ein Mädchen. Sie hatte ihr Gefäß auf die Stufe gestellt. Das Mädchen schaute sich um. Sie suchte jemanden zur Hilfe. Sie wollte das Gefäß auf den Kopf setzen. Ich ging zu ihr. „Soll ich helfen?“, fragte ich. Sie wurde ganz rot. „Oh nein, Herr!“, sagte sie. Sie richtete ihren Kragen. Ich half ihr trotzdem. Sie sagte danke und ging weg.

17. Mai

Ich habe neue Leute kennengelernt. Aber ich habe noch keine Freunde gefunden. Viele Menschen mögen mich. Sie wollen bei mir sein.
Manchmal sind sie nur kurz da. Das macht mich traurig.
Du willst wissen, wie die Leute hier sind? Die Leute sind wie überall!

Die Menschen sind oft gleich. Die meisten arbeiten viel zum Leben. Ihre freie Zeit macht ihnen Angst. Sie wollen diese Zeit schnell los werden. So ist das Leben der Menschen.
Aber die Leute hier sind wirklich nett! Manchmal vergesse ich mich und habe Spaß mit ihnen. Wir essen und lachen zusammen. Wir machen Ausflüge oder tanzen. Das tut mir gut. Aber ich kann ja noch viel mehr. Daran darf ich nicht denken. Viele Fähigkeiten in mir nutze ich nicht. Das macht mich traurig. Andere verstehen das nicht. Das ist schwer für mich.

Ich vermisse meine Jugendfreundin sehr. Wenn ich sie doch nie kennen gelernt hätte! Ich war ein Idiot. Ich suche hier etwas, was ich nicht finden werde. Mit ihr konnte ich jeder sein, der ich sein wollte. Bei ihr nutzte ich all meine Fähigkeiten. Unser Zusammensein war voller Gefühl und Witz. Es trug den Stempel des Genies. Aber sie ist vor mir gestorben. Ich werde sie nie vergessen. Sie war stark und geduldig.

Vor kurzem habe ich einen jungen Mann kennengelernt. Er heißt V. Ein offener Junge mit sehr glücklichen Gesichtszügen. Er hat gerade die Schule fertig. Er denkt, er ist klug. Er glaubt, er weiß mehr als andere. Er hat viel gelernt. Ich merke das an verschiedenen Dingen. Er weiß tatsächlich viel. Er kam zu mir, weil ich gut zeichnen und auch Griechisch kann. Das ist selten hier. Er hat mir viel erzählt. Er hat von vielen bekannten Büchern und Autoren gesprochen. Er hat Sulzers schwieriges Buch ganz gelesen. Er besitzt auch ein Manuskript über alte Kunst. Ich fand das gut.

Ich habe auch einen tapferen Mann getroffen. Er ist der Amtmann. Er ist offen und ehrlich. Die Leute sagen, er ist glücklich mit seinen Kindern. Er hat neun Kinder. Er erzählt viel Gutes über seine älteste Tochter. Er hat mich eingeladen. Ich werde ihn bald besuchen.

Er lebt auf einem Jagdhaus. Es ist eineinhalb Stunden von hier entfernt. Er zog dorthin nach dem Tod seiner Frau. Er wollte dann nicht in der Stadt zu bleiben. Das tat ihm weh.

Ich habe auch komische Leute getroffen. Sie sind schwer zu ertragen. Sie wollen meine Freundschaft. Ich will das nicht.

Mach's gut! Du wirst diesen Brief mögen. Er erzählt von früher.

22. Mai

Manche Menschen denken, das Leben ist wie ein Traum. Ich fühle das oft. Ich sehe, wie begrenzt wir Menschen sind. Wir arbeiten und lernen. Aber nur um zu leben. Wir stillen Bedürfnisse, nur um länger zu leben. Wenn wir aufhören zu fragen und einfach akzeptieren, ist es wie ein Traum. Wir malen uns schöne Bilder. Dann sehen wir nicht die Wände unseres Gefängnisses. Das macht mich stumm. Ich schaue in mich und finde eine eigene Welt. Sie ist voller Gefühle und Wünsche, aber nicht klar und stark. Alles ist unsicher vor meinen Augen. Und ich lächle träumend in die Welt hinein.

Kinder wissen nicht, was sie wollen. Das sagen Lehrer von ihnen. Aber auch Erwachsene wissen oft nicht so richtig, wo es langgeht. Sie handeln nicht nach echten Zielen. Sie lassen sich leicht lenken. Genau wie Kinder. Das will keiner glauben. Aber ich finde es offensichtlich.

Ich kenne oft schon deine Antwort. Du wirst sagen: Die glücklichsten Menschen leben wie Kinder. Sie spielen mit Puppen. Sie ziehen sie an und aus. Sie schleichen um die Schublade herum. In der Schublade ist das Zuckerbrot von Mama. Sie essen sie es mit vollen Wangen. Sie rufen: „Mehr!“ Das sind glückliche Geschöpfe. So wie Menschen mit unbedeutenden Beschäftigungen. Sie geben ihrer Arbeit dann tolle Namen. Dann fühlen sie sich wichtig.

Wer so sein kann, ist glücklich! Wer aber sieht, wohin das alles führt, wird nachdenklich. Aber man lebt in seiner eigenen Welt und ist auch glücklich: weil man ein Mensch ist. Auch wer gefangen ist, hat das süße Gefühl der Freiheit im Herzen. Man kann sein Gefängnis jederzeit verlassen.

Am 26. Mai

Du weißt, wie ich gerne lebe. Ich baue mir einen kleinen Ort zum Wohlfühlen. Dort lebe ich einfach und bin zufrieden.

Ich habe wieder so einen schönen Ort gefunden. Er liegt eine Stunde von der Stadt entfernt und heißt Wahlheim. Der Ort liegt auf einem Hügel. Von oben sieht man das ganze Tal. Dort gibt es eine nette Wirtin. Sie ist älter, aber freundlich und lebhaft. Sie verkauft Wein, Bier und Kaffee. Das Beste sind zwei große Lindenbäume. Sie stehen vor der Kirche und ihre Äste bedecken den Platz. Um den Platz herum stehen Bauernhäuser, Scheunen und Höfe. Ich habe selten so einen gemütlichen Ort gefunden. Ich lasse mir einen Tisch und einen Stuhl aus der Wirtschaft bringen. Dort trinke ich meinen Kaffee und lese mein Buch.

Als ich das erste Mal an einem schönen Nachmittag dort ankam, war der Platz leer. Alle waren auf dem Feld. Nur ein Junge saß da. Er war etwa vier Jahre alt. Er hielt ein kleineres Kind, etwa sechs Monate alt, zwischen seinen Füßen. Er hielt es fest an seiner Brust. Er war wie ein Sessel für das Kind. Der Junge war ruhig und schaute neugierig um sich. Ich fand das schön zu sehen. Ich setzte mich auf einen Pflug gegenüber und zeichnete die beiden Brüder.

Es hat mir viel Freude gemacht.

Ich habe einen Zaun, ein Scheunentor und kaputte Wagenräder gezeichnet. Sie standen alle hintereinander. Nach einer Stunde hatte ich eine schöne Zeichnung gemacht. Ich hatte nichts dazu erfunden. Das hat mich überzeugt, nur noch die Natur zu zeichnen. Nur die Natur ist wirklich reich. Sie macht den besten Künstler. Regeln sind wichtig, so wie Gesetze in der Gesellschaft. Wer sich an Regeln hält, macht nichts Schlechtes. So wie jemand, der Gesetze befolgt, kein schlimmer Nachbar ist. Aber Regeln können auch das Gefühl für die Natur zerstören. Du sagst vielleicht: „Das ist zu streng! Regeln sind wie das Beschneiden von Pflanzen." Aber ich sage dir: Es ist wie mit der Liebe. Ein junger Mann liebt ein Mädchen sehr. Er verbringt viel Zeit mit ihr und gibt alles für sie. Dann sagt jemand, der im Amt ist: „Junger Mann! Lieben ist gut, aber liebt richtig!"

Teilt eure Zeit ein. Ein Teil ist für die Arbeit. Ein Teil ist für die Pause. In der Pause könnt ihr Zeit mit eurem Mädchen verbringen. Schaut, wie viel Geld ihr habt. Für übriges Geld könnt ihr eurem Mädchen ein Geschenk machen. Aber nicht zu oft. Zum Beispiel an ihrem Geburtstag oder Namenstag. Wenn ein Mensch das macht, wird er nützlich sein. Ich sage sogar Fürsten, sie sollen ihn einstellen. Aber dann endet seine Liebe. Weil er keine Zeit mehr dafür hat. Ein Künstler hat dann keine Zeit mehr für Kunst. Warum gibt es nicht oft große Künstler? Weil Menschen lieber ihre Häuser und Gärten schützen wollen. Sie bauen Dämme, damit kein Wasser ihre Häuser zerstört.

Am 27. Mai

Ich habe bemerkt, dass ich sehr begeistert war. Ich habe zu viel geredet. Dabei wollte ich dir von den Kindern erzählen. Ich saß zwei Stunden zum

Zeichnen auf meinem Pflug und dachte nach. Am Abend kam eine Frau zu den Kindern. Sie hatten sich nicht bewegt. Die Frau hatte einen Korb dabei und rief: „Philipps, du bist brav.“ Sie grüßte mich und ich dankte ihr. Ich stand auf, ging zu ihr und fragte, ob sie die Mutter der Kinder ist.

Sie sagte ja. Sie gab dem ältesten Kind ein Stück Brot. Dann nahm sie das kleine Kind hoch und küsste es. Sie liebte es sehr. „Ich habe“, sagte sie, „meinem Philipp das Baby gegeben. Ich bin mit meinem großen Kind in die Stadt gegangen. Ich wollte weißes Brot kaufen. Auch Zucker und einen Topf für Brei.“ Ich sah das alles in ihrem Korb. Der Deckel des Korbes war offen. „Ich will für meinen Hans ein Süppchen kochen heute Abend“, sagte sie. „Hans ist der Jüngste. Der Große hat gestern den Topf kaputt gemacht. Er hat mit Philipp um den Brei gestritten.“ Ich fragte nach dem ältesten Kind. Sie sagte mir, er spielt auf der Wiese mit Gänsen. Dann kam er schnell zurück und brachte dem zweiten Kind einen Stock. Ich redete noch mehr mit der Frau. Sie sagte, sie ist die Tochter vom Lehrer. Ihr Mann ist in die Schweiz gefahren. Er wollte eine Erbschaft holen. „Sie wollten ihn betrügen“, sagte sie. „Sie haben nicht auf seine Briefe geantwortet. Deshalb ist er selbst hingefahren. Ich hoffe, ihm passiert nichts Schlimmes. Ich höre nichts von ihm.“ Ich wollte mich gar nicht von der Frau trennen. Ich gab jedem Kind ein Geldstück. Für das jüngste Kind gab ich ihr auch Geld. Damit kann sie in der Stadt Brot für die Suppe kaufen. Dann gingen wir auseinander.

Ich sage dir, mein Schatz: Manchmal fühle ich mich schlecht. Da hilft es mir, so jemanden zu sehen. So jemand lebt einfach, glücklich und gelassen in seinem engen Kreislauf und lebt von einem Tag auf den anderen. Die Blätter fallen ab und sie denkt nur, der Winter kommt

Seitdem bin ich oft draußen. Die Kinder kennen mich und mögen mich. Sie bekommen Zucker, ich trinke Kaffee. Abends teilen wir Brot mit Butter und saure Milch. Sonntags gebe ich ihnen immer ein bisschen Geld. Wenn ich nicht da bin, gibt die Wirtin es ihnen.

Die Kinder erzählen mir viel. Sie sagen mir ihre einfachen Wünsche. Das mag ich gern. Besonders wenn viele Kinder aus dem Dorf zusammenkommen. Nur die Mutter hatte Sorgen. Sie dachte, die Kinder stören mich. Ich konnte ihr die Sorge nehmen. Aber es war nicht leicht.

Am 30. Mai

Ich habe dir über Malerei erzählt. Das gilt auch für Gedichte. Man muss nur das Gute erkennen und darüber sprechen. Heute habe ich etwas erlebt. Das wäre eine schöne Geschichte. Aber warum muss man immer alles zu einer Geschichte machen? Können wir nicht einfach die Natur genießen?

Wenn du denkst, hier geht es um etwas Wichtiges: Dann liegst du falsch. Es geht nur um einen Bauernjungen. Ich war sehr hingerissen. Ich erzähle nicht gut, und du findest es sicher wieder zu übertrieben. Es geht wieder um den Ort Wahlheim. Dort geschieht immer etwas Besonderes.

Draußen saßen Leute unter Bäumen und tranken Kaffee. Ich mochte sie nicht so sehr. Also blieb ich mit einer Ausrede weg.

Ein Bauernjunge kam aus einem Haus nebenan. Er machte etwas an einem Pflug. Den hatte ich vorher gezeichnet. Ich mochte ihn und sprach mit ihm. Ich fragte ihn nach seinem Leben. Wir lernten uns schnell kennen und verstanden uns gut. Das passiert mir oft mit solchen Leuten. Er arbeitet für eine Witwe und sie ist nett zu ihm. Er sprach viel Gutes über sie. Ich merkte bald, er mag sie sehr.

Die Witwe war nicht mehr jung. Ihr erster Mann war nicht gut zu ihr. Sie will nicht wieder heiraten. Sie war ihm lieb und teuer. Er hofft, dass sie ihn mag. Sie soll am besten ihren ersten Mann vergessen. Ich kann seine Worte nicht alle wiederholen. Ich kann seine Gesten und seine Stimme nicht zeigen. Worte können seine Zärtlichkeit nicht beschreiben. Ich kann es nicht so sagen wie er. Er macht sich Sorgen. Das hat mich berührt. Er dachte, ich könnte schlecht über ihre Beziehung denken. Er fand sie sehr anziehend, auch ohne junge Schönheit.

Ich kann das tief in mir selbst fühlen. Meine eigene Seele glüht. Dieses Bild von Treue und Zärtlichkeit verfolgt mich überall. Ich habe so eine reine Sehnsucht noch nie erlebt. Ich habe so eine dringende Begierde und das heiße, sehnliche Verlangen nie so klar gesehen oder geträumt.

Bitte sei nicht böse. Aber ich bin sehr berührt. Ich denke immer an diese Reinheit und Ehrlichkeit. Das Bild von dieser Treue und Liebe verfolgt mich überall. Es macht mich sehr sehnsüchtig.

Ich will diese Frau bald sehen. Nein, ich will es vermeiden. Es ist besser, ich sehe sie mit den Augen ihres Freundes. Vielleicht sieht sie ganz anders aus als ich denke. Warum sollte ich mir das schöne Bild kaputt machen?

Am 16. Juni

Warum schreibe ich dir nicht? Du bist doch schlau. Weil es mir gerade so gut geht. Ich habe jemanden kennengelernt. Sie geht mir ans Herz.

Ich habe – ich weiß nicht.

Es ist schwer, es ordentlich zu erzählen. Aber ich habe eins der liebenswürdigsten Geschöpfe kennengelernt. Ich bin fröhlich und glücklich. Deshalb kann ich keine guten Geschichten schreiben.

Einen Engel! So nennt doch jeder seine Liebste, oder? Aber ich kann es kaum beschreiben: Sie ist vollkommen. Sie hat mich vollkommen verzaubert.
Sie ist so einfach und doch so klug. Sie ist so nett und doch so stark.
Sie ist ruhig und doch voller Leben und Aktivität.

Ich rede nicht über sie, wie sie es verdient. Meine Worte passen nicht zu ihr. Ich mache darum eine Pause. Nein, ich will dir jetzt gleich davon erzählen. Wenn ich es jetzt nicht tue, dann nie. Ich wollte schon dreimal aufhören zu schreiben. Ich wollte reiten gehen. Aber ich habe es mir heute Morgen verboten. Trotzdem schaue ich oft nach der Sonne. Ich konnte es nicht lassen und bin zu ihr geritten. Jetzt bin ich zurück. Ich will Abendbrot essen und dir schreiben. Es ist schön, sie mit ihren acht Geschwistern zu sehen.

Wenn ich so weitermache, verstehst du nichts. Also werde ich dir mehr erzählen.

Ich habe dir von Amtmann S. erzählt. Er hat mich eingeladen.
Ich habe es nicht gemacht. Aber dann gab es dort zufällig ein tolles Ereignis. Die jungen Leute haben einen Ball auf dem Land veranstaltet. Ich habe zugesagt.

Ich verabredete mich mit einem netten, unbedeutenden Mädchen von hier. Wir wollten eine Kutsche nehmen. Ich sollte mit meiner Tanzpartnerin und ihrer Kusine zu dem Fest fahren. Unterwegs wollten wir Charlotte S. abholen. „Sie werden eine hübsche Frau treffen", sagte meine Begleiterin. Wir fuhren durch einen großen Wald zum Jagdhaus. „Passen Sie auf! Verlieben Sie sich nicht!", warnte die Kusine. „Warum?", fragte ich. „Sie hat schon einen Verlobten", sagte sie. „Er ist gerade zu seinem verstorbenen Vater. Er sucht auch eine neue Arbeit." Das war mir ziemlich egal.

Wir kamen vor dem Hof an, da war die Sonne fast hinter den Bergen verschwunden. Es war sehr warm. Die Frauen hatten Angst vor einem Gewitter. Sie sahen dunkle Wolken am Himmel. Ich beruhigte sie. Aber eigentlich wusste ich es nicht besser. Aber ich dachte, unsere gute Laune könnte Schaden nehmen.

Ich stieg aus der Kutsche aus. Eine Dienerin kam zum Tor. Sie bat uns zu warten. Fräulein Lottchen würde bald kommen.

Ich ging über den Hof zu einem schönen Haus. Ich stieg die Treppe hoch und kam zur Tür. Drinnen sah ich etwas sehr Schönes. Im Vorraum spielten sechs Kinder zwischen zwei und elf Jahren. Sie spielten um ein Mädchen herum. Das Mädchen war hübsch und nicht zu groß. Es trug ein einfaches weißes Kleid mit hellroten Bändern an den Armen und der Brust. Sie hatte ein Stück schwarzes Brot. Sie schnitt für jedes Kind ein Stück ab. Die Größe des Brotes passte zum Alter und Hunger des Kindes. Sie gab jedem Kind sehr freundlich das Brot. Jedes Kind sagte laut „danke!". Die Kinder hielten ihre Hände hoch, so schnell konnte sie das Brot gar nicht schneiden. Dann liefen sie fröhlich weg mit ihrem Brot. Einige rannten weg, andere gingen ruhig zum Tor. Sie wollten die Fremden und die Kutsche sehen. In der Kutsche sollte ihre Lotte wegfahren.

Das Mädchen meinte: „Ich bitte um Vergebung. Jetzt müssen sie extra hereinkommen. Ich lasse die Damen warten. Aber ich muss mich noch anziehen und Dinge für das Haus regeln. Die Kinder wollen das Brot nur von ihr geschnitten haben.“

Ich sagte schnell etwas Nettes zu ihr. Dabei dachte ich nur an sie. Ich war überrascht von ihrer Art und ihrem Aussehen. Meine Seele war beeindruckt. Dann lief sie schnell ins Zimmer und holte ihre Handschuhe und ihren Fächer.

Ein paar kleine Kinder schauten mich von der Seite an. Ich ging auf das kleinste Kind zu. Es hatte ein sehr fröhliches Gesicht. Das Kind ging ein Stück zurück. Dann kam Lotte zur Tür und sagte: „Louis, gib dem Herrn Cousin deine Hand.“ Der Junge gab mir seine Hand. Er hatte ein Rotznäschen. Aber ich musste ihn herzlich küssen.

„Cousin?“ fragte ich Lotte und gab ihr die Hand. „Denkst du, ich könnte wirklich mit dir verwandt sein?“ Sie lächelte und sagte: „Wir sind nur ein bisschen verwandt. Ich hoffe, du bist nicht der Schlimmste von uns.“

Beim Gehen sagte Lotte zu ihrer Schwester Sophie: „Pass gut auf die Kinder auf.“ Sophie ist elf Jahre alt. Sie ist die älteste nach ihr. Sophie sollte auch den Papa grüßen, wenn er vom Reiten zurückkommt. Lotte sagte den kleinen Kindern, sie sollen Sophie gehorchen wie ihr selbst. Einige Kinder sagten ja. Ein sechsjähriges Mädchen sagte: „Aber sie ist nicht Lotte. Wir mögen dich mehr.“

Die zwei größten Jungen kletterten auf die Kutsche. Ich bat Lotte, sie dürfen bis zum Wald mitfahren. Sie erlaubte es. Aber sie sollten sich nicht streiten und festhalten.

Wir hatten uns gerade hingesetzt. Die Frauen begrüßten sich. Sie tratschten über Kleider und Hüte und über die Gäste.

Dann ließ Lotte den Wagen anhalten. Ihre Brüder stiegen aus. Sie wollten Lottes Hand küssen. Der älteste tat es sehr zärtlich. Er ist fünfzehn Jahre alt. Der andere tat es wild und ungestüm. Lotte ließ die Kinder grüßen. Wir fuhren weiter.

Die Cousine fragte Lotte nach einem Buch. Sie hatte es Lotte geschickt. Lotte gefiel das Buch nicht. Sie kann es zurückhaben. Das letzte Buch war auch nicht gut. Ich war überrascht. Ich fragte nach den Büchern. Lotte antwortete mir. Sie sprach sehr klug. Sie wurde immer fröhlicher. Ich verstand sie. Das merkte sie.

Lotte mochte früher Romane sehr. Sie erzählte, wie schön es war, sonntags zu lesen. Sie fühlte mit den Figuren mit. Sie sagte, Romane gefallen ihr immer noch ein bisschen. Aber sie liest selten Bücher. Das Buch muss ihr sehr gefallen.

Sie sagte: „Ich mag den Schriftsteller am liebsten, der meine Welt beschreibt. Bei ihm ist es wie um mich herum. Seine Geschichten sind mir so wichtig und lieb wie mein eigenes Leben. Mein Leben ist kein Paradies. Aber es macht mich sehr glücklich."

Ich wollte meine Gefühle über diese Worte verstecken. Aber das klappte nicht gut. Als sie so ehrlich über Bücher sprach, konnte ich mich nicht zurückhalten. Ich sagte ihr alles, was ich sagen musste. Später merkte ich, dass die anderen die ganze Zeit still da saßen und zuschauten. Die Cousine schaute mich mehrmals etwas spöttisch an. Das war mir egal.

Wir sprachen darüber, wie schön Tanzen ist. Lotte sagte: „Ist Tanzen ein Fehler? Dann liebe ich diesen Fehler. Manchmal bin ich traurig und spiele auf meinem Klavier einen Tanz. Dann geht es mir wieder gut."

Ihre schwarzen Augen, die lebendigen Lippen und frischen, munteren Wangen zogen meine ganze Seele an. Ich war vollkommen in ihre Rede vertieft. Aber ich hörte gar nicht mehr richtig zu. Du kennst mich. Du kannst dir das vorstellen. Ich stieg aus der Kutsche wie in einem Traum. Wir hielten vor dem Pavillon an. Ich war so verträumt, dass ich die Musik kaum hörte. Sie kam aus dem hellen Saal.

Zwei Männer, Audran und ein Herr N. N., trafen uns. Wer kann sich alle Namen merken? Sie waren die Tanzpartner für Lotte und ihre Cousine. Ich ging mit meiner Begleiterin nach oben.

Wir schlangen uns im Menuett umeinander herum. Ich bat viele Frauen zum Tanz. Aber manche wollten nicht mitmachen. Lotte und ihr Partner begannen einen englischen Tanz. Sie fing auch mit uns an zu tanzen. Wie wohl ich mich fühlte! Man muss Lotte tanzen sehen! Sie tanzt mit ganzem Herzen. Ihr ganzer Körper bewegt sich harmonisch. Sie ist so unbeschwert, als ob Tanzen das Wichtigste wäre. In dem Moment vergisst sie alles andere.

Ich bat Lotte um den zweiten Tanz. Sie sagte ja zum dritten Tanz. Sie tanzt lieber deutsche Tänze. „Paare bleiben beim deutschen Tanz zusammen. Das ist hier Mode“, sagte sie. „Mein Partner tanzt nicht gut Walzer und ist froh, wenn er nicht muss. Auch ihre Partnerin tanzt ihn nicht gut. Aber Sie sind gut im englischen Walzer. Das konnte ich sehen. Sie wollen ihn wirklich mit mir tanzen? Dann fragen Sie meinen Tanzpartner. Ich werde dann zu Ihrer Dame gehen.“ Ich versprach es ihr. Ihr Tanzpartner sollte in der Zwischenzeit meine Tanzpartnerin unterhalten.

Dann fingen wir an zu tanzen. Wir verschlangen unsere Arme und hatten Spaß. Sie bewegte sich so anmutig und schnell! Mit dem Walzer wurde es am Anfang etwas chaotisch.

Nicht viele können das gut. Wir waren schlau und warteten, bis die Ungeübten aufhörten. Dann fingen wir an zu tanzen. Wir hielten es gut aus mit einem anderen Paar, Audran und seiner Tänzerin. Es fühlte sich sehr leicht an. Ich war wie verzaubert. Es war wunderbar, mit ihr zu tanzen. Ich vergaß alles um mich herum. Aber, Wilhelm, ich muss ehrlich sein. Ich schwor: Mein Mädchen sollte nie mit einem anderen Mann Walzer tanzen. Nur mit mir! Auch wenn ich daran zugrunde gehen würde. Du verstehst mich!

Wir gingen ein paar Runden im Saal, um Luft zu holen. Sie setzte sich hin. Ich hatte ein paar Orangen zur Seite gelegt. Es waren die letzten. Sie aß sie und gab auch etwas an ihre Nachbarin. Das tat mir jedes Mal weh.

Beim dritten Tanz waren wir zusammen. Wir tanzten durch die Reihe. Ich war sehr glücklich mit Lotte an meiner Seite. Sie sah fröhlich aus. Eine etwas ältere, nett aussehende Frau kam vorbei. Sie lächelte Lotte an und sagte zweimal den Namen „Albert“. Sie machte dabei eine ernste Geste.

Ich fragte Lotte: „Wer ist Albert? Darf ich das fragen?“
Wir mussten weitertanzen und konnten nicht reden. Aber ich sah sie grübeln. Wir kamen wieder zusammen. Da sagte sie: „Albert ist ein guter Mann. Ich werde ihn bald heiraten.“ Ich wusste das schon von den anderen Frauen. Trotzdem fühlte es sich neu an.
Denn Lotte war mir in kurzer Zeit wichtig geworden.

Ich war verwirrt und störte zwei andere Tänzer. Lotte musste schnell helfen, damit alles wieder gut wurde. Der Tanz war noch nicht vorbei. Da fing es an, stärker zu blitzen. Wir hatten die Blitze schon früher gesehen. Ich hielt es nur für ein kleines Gewitter. Aber dann wurde der Donner lauter als die Musik. Drei Frauen verließen den Tanz.

Ihre Männer folgten ihnen. Alle waren durcheinander und die Musik hörte auf zu spielen.

Etwas Schlimmes mitten in einem Vergnügen fühlen wir stärker. Weil es so anders ist als unser Vergnügen. Auch sind unsere Sinne dann offener und nehmen schneller Eindrücke auf. Deshalb sah ich einige Frauen komische Gesichter machen. Die klügste Frau setzte sich in eine Ecke. Sie drehte sich weg und versteckte ihren Kopf im Schoß einer anderen Frau. Eine dritte Frau kam dazu und umarmte ihre Schwester und weinte viel.

Einige Leute wollten nach Hause gehen. Andere wussten nicht, was sie tun sollten. Sie konnten die frechen jungen Leute nicht stoppen. Diese wollten die Frauen vom Beten abhalten. Ein paar Männer gingen zum Rauchen hinunter. Die anderen Leute ließen sich von der Wirtin in ein Zimmer führen. Das Zimmer hatte Fensterläden und Vorhänge. Im Zimmer stellte Lotte Stühle in einen Kreis auf. Alle sollten sich setzen. Dann erklärte sie ein Spiel.

Einige freuten sich auf das Spiel. Sie hofften, etwas zu gewinnen. „Wir spielen Zählens“, sagte Lotte. „Passt auf! Ich gehe im Kreis herum. Ihr zählt auch im Kreis herum. Jeder sagt seine Zahl. Das muss schnell gehen. Wer einen Fehler macht, bekommt eine Ohrfeige von mir. So geht es bis 1000.“ Es war lustig zu sehen. Lotte ging mit ausgestrecktem Arm im Kreis herum. „Eins“, sagte der Erste. „Zwei“, sagte der Nächste. „Drei“, sagte der Dritte und so weiter. Lotte ging schneller und schneller. Dann machte jemand einen Fehler. Klatsch! Eine Ohrfeige. Die anderen lachten und dann machte der Nächste auch einen Fehler. Klatsch! Und es ging immer schneller.

Ich bekam zwei Ohrfeigen. Ich dachte, ihre Ohrfeigen waren bei mir heftiger als bei den anderen. Alle lachten und das Spiel war früher

vorbei. Die Menschen im Raum redeten untereinander.
Das Gewitter ging vorüber. Ich ging mit Lotte in den Saal zurück. Das Gewitter hatten alle wegen der Ohrfeigen vergessen, sagte sie unterwegs. Ich konnte nichts sagen. Lotte sagte, sie hatte auch Angst. Aber sie tat mutig und wurde es dann sogar. Wir standen am Fenster. Es donnerte weiter weg. Der herrliche Regen säuselte auf das Land, und der erfrischendste Wohlgeruch stieg mit warmer Luft zu uns auf. Lotte lehnte sich auf ihre Ellenbogen. Sie schaute in die Ferne und dann zu mir. Ihre Augen waren voller Tränen. Sie legte ihre Hand auf meine und sagte „Klopstock". Dass war ein Geheimnis zwischen mir und ihr. Sie meinte ein bestimmtes Liebesgedicht von Klopstock. Ich wusste es sofort. Ich fühlte mich sehr berührt. Ich konnte es nicht aushalten. Ich beugte mich vor und küsste ihre Hand. Ich weinte vor Freude. Ich sah wieder in ihre Augen. Es war ein göttliches Verstehen. Nie wieder möchte ich deinen Namen schlecht nennen hören!

Am 19. Juni

Wo hatte ich beim letzten Mal aufgehört zu erzählen?
Ich weiß nur, dass ich um zwei Uhr nachts ins Bett gegangen bin. Ich habe Dir geschrieben statt mit Dir zu reden. Sonst hätte ich dich bestimmt bis zum Morgen wachgehalten.

Ich habe noch nicht erzählt, was passiert ist, als wir vom Ball nach Hause gefahren sind. Ich habe heute auch keine Zeit dafür.

Es war ein sehr schöner Sonnenaufgang. Der Wald war nass und die Felder frisch. Unsere Begleiterinnen fingen an zu schlafen. Sie fragte mich, ob ich auch schlafen möchte. Sie sagte, ich soll mir keine Sorgen machen. Ich sagte ihr, solange ich ihre Augen offen sehe, passiert nichts. Wir haben es beide geschafft, wach zu bleiben. Wir kamen an ihrem Haus an. Ihre Magd öffnete leise die Tür. Sie sagte ihr, ihr Vater und die Kleinen sind gesund und schlafen alle noch. Dann habe ich sie verlassen und wollte sie am selben Tag noch sehen. Sie hat ja gesagt und ich bin gekommen. Seitdem ist es mir egal, ob es Tag oder Nacht ist. Ich nehme die Welt um mich herum nicht mehr wahr.

Am 21. Juni

Ich erlebe sehr glückliche Tage, wie sie Gott für seine Heiligen aufhebt. Was auch immer mit mir passiert: Ich kann nicht sagen, dass ich die schönsten Freuden des Lebens nicht erlebt habe.

Du kennst meinen Lieblingsort Wahlheim. Dort fühle ich mich zu Hause. Ich brauche nur eine halbe Stunde zu Lotte. Dort bin ich glücklich. Ich hatte mir diesen Ort zum Spazierengehen ausgesucht. Aber ich wusste nicht, wie himmlisch schön er ist. Wie oft habe ich das Jagdhaus beim Wandern gesehen, mal von einem Berg oder über einem Fluss.
Lieber Wilhelm, ich habe viel nachgedacht. Über den Wunsch der Menschen, Neues zu entdecken und herumzuwandern. Und über den Wunsch, sich zu beschränken und in Gewohnheiten zu leben. Ohne nach rechts oder links zu schauen.

Es ist seltsam. Ich kam hierher und schaute ins Tal und fühlte mich angezogen. Das Wäldchen! Wie schön wäre es, dort zu sein!
Der Berggipfel! Wie schön wäre es, von dort aus alles zu sehen!
Die Hügel und Täler! Wie schön wäre es, darin zu verschwinden!
Ich ging hin und kam zurück. Aber ich habe etwas gesucht und nicht gefunden.

Es ist wie mit der Ferne oder der Zukunft. Alles ist verschwommen vor uns. Unsere Gefühle sind auch verschwommen. Wir wollen ganz in einem großen, schönen Gefühl aufgehen. Aber an einen sehnsuchtsvollen Ort ist es wie vorher. Wir fühlen uns arm und begrenzt. Unsere Seele bleibt hungrig.

Der unruhige Wanderer will am Ende wieder nach Hause. Er findet Zufriedenheit in seiner kleinen Hütte. Bei seiner Frau und seinen Kindern ist er glücklich. Er arbeitet für sie und ist zufrieden.

Morgens bei Sonnenaufgang fühle ich mich draußen gut. Ich gehe nach Wahlheim in den Garten. Dort pflücke ich meine Erbsen. Ich setze mich hin und mache sie sauber. Dabei lese ich in meinem Homer-Buch.

Ich gehe in die Küche und koche. Ich nehme einen Topf und Butter. Ich koche die Erbsen und rühre sie manchmal um. Dann fühle ich mich wie die Leute in alten Geschichten. Sie kochen und essen zusammen. Das macht mich sehr zufrieden. Ich lebe einfach und bin dankbar dafür.

Mir geht es gut. Ich kann mich freuen wie ein einfacher Mensch. Ich freue mich über mein selbst angebautes Gemüse. Beim Essen denke ich an alle guten Tage zurück. Ich denke an den Morgen, als ich es gepflanzt habe. Ich denke an die Abende, als ich es gegossen habe. Ich freue mich über sein Wachsen. All diese Freude kommt zurück, wenn ich das Gemüse esse.

Am 29. Juni

Vor zwei Tagen kam der Arzt aus der Stadt zum Amtmann. Er fand mich draußen auf dem Boden. Ich spielte mit Lottes Kindern. Einige krabbelten auf mir herum. Andere machten Spaß mit mir. Ich kitzelte sie und wir machten viel Lärm. Der Arzt ist sehr steif und zupft ständig seine Ärmel zurecht. Er zieht immer an seinem Kragen herum. Er fand mein Verhalten würdelos und nicht erwachsen. Das sah ich an seiner Nase. Aber ich ließ mich nicht stören. Ich hörte ihm zu. Zugleich baute ich die zerstörten Kartenhäuser der Kinder wieder auf. In der Stadt erzählte er, die Kinder des Amtmanns sind unartig. Und ich mache es noch schlimmer.

Ja, lieber Wilhelm, Kinder sind mir sehr wichtig auf dieser Welt.

Ich freue mich, Kinder beim Spielen und Lernen zu beobachten. Ich sehe in ihrem Eigensinn später Mut und Stärke. Ich sehe in ihrem Übermut später Fröhlichkeit und Leichtigkeit. Sie sind noch so unberührt und echt. Dann denke ich an die Worte von Jesus: „Wenn ihr nicht werdet wie die Kinder!“ Aber wir behandeln Kinder oft nicht gleich. Wir denken, sie sollen gehorchen. Wir sind älter, aber haben wir deshalb immer recht? Gott sieht alte und junge Kinder. Sein Sohn hat gesagt, wer ihm mehr Freude macht. Aber viele glauben nicht wirklich daran. Sie erziehen ihre Kinder wie sie selbst. Leb wohl, Wilhelm! Ich möchte nicht mehr darüber reden.

Am 1. Juli

Ich spüre, wie wichtig Lotte für Kranke ist. Mein Herz fühlt sich auch nicht gut an. Lotte wird ein paar Tage bei einer kranken Frau sein. Die Ärzte sagen, die Frau wird bald sterben. Sie möchte Lotte in ihren letzten Tagen bei sich haben. Letzte Woche war ich mit Lotte dort.

Wir besuchten ein kleines Dorf. Es liegt eine Stunde entfernt im Gebirge. Wir kamen um vier Uhr dort an. Lotte brachte ihre Schwester mit. Als wir zum Pfarrhaus kamen, saß der alte Pfarrer draußen. Er sah Lotte und wurde fröhlich. Er stand auf, ohne seinen Stock zu nehmen. Lotte ging schnell zu ihm. Sie sagte ihm, er soll sich setzen. Sie setzte sich neben ihn. Sie gab ihm Grüße von ihrem Vater. Sie umarmte seinen kleinen schmutzigen Sohn. Du hättest sehen sollen, wie sie mit dem alten Mann sprach. Sie sprach laut, so konnte er sie hören. Sie erzählte ihm von jungen starken Leuten, die plötzlich starben. Sie sprach über die guten Seiten von Karlsbad. Sie sagte, er soll nächsten Sommer dorthin gehen. Er sähe besser aus als beim letzten Mal. Ich sprach in der Zeit mit der Frau des Pfarrers. Der alte Mann wurde sehr lebendig. Ich lobte die großen Nussbäume. Sie gaben uns Schatten. Der alte Mann erzählte uns ihre Geschichte. Er sagte: „Wir wissen nicht, wer den alten Baum gepflanzt hat. Manche sagen dieser Pfarrer, andere sagen jener Pfarrer. Der jüngere Baum dort ist so alt wie meine Frau, im Oktober fünfzig Jahre.

Ihr Vater pflanzte den Baum am Morgen. Sie wurde am Abend geboren. Er hatte vor mir das gleiche Amt. Er liebte den Baum sehr. Ich liebe den Baum auch sehr. Meine Frau saß unter dem Baum. Sie strickte dort. Das war vor 27 Jahren. Damals kam ich das erste Mal hierher. Ich war ein armer Student. Lotte fragte nach seiner Tochter. Sie war mit Herrn Schmidt bei den Arbeitern auf der Wiese. Der alte Mann erzählte weiter. Er sprach darüber, wie er den Baum und die Tochter liebgewann. Er wurde erst Helfer, dann Nachfolger im Amt. Die Tochter kam mit Herrn Schmidt in den Garten. Sie begrüßte Lotte sehr freundlich. Ich fand sie nett. Sie war eine hellwache, große Frau mit dunklen Haaren. Sie hätte einem auf dem Land gut die Zeit vertreiben können. Herr Schmidt war ihr Freund. Er war höflich und ruhig. Er wollte nicht viel reden. Lotte wollte ihn ins Gespräch bringen. Ich war traurig. Ich dachte, er war eher stur und hatte einen unschönen Humor. Es lag nicht an seinem einfachen Verstand, dass er nicht reden wollte.

Leider wurde es bald klar. Friederike ging mit Lotte und manchmal auch mit mir spazieren. Da verfinsterte sich das Gesicht des Freundes. Und er war sowieso schon ein dunkler Typ. Lotte zupfte mich am Ärmel. Sie meinte, ich sei zu nett zu Friederike. Das macht ihn eifersüchtig. Warum machen Menschen sich gegenseitig das Leben schwer? Nichts ärgert mich mehr. Besonders junge Leute sollten fröhlich sein. Sie sollten ihre guten Tage nicht schlecht machen. Später sehen sie, was sie verschwendet haben. Das störte mich sehr. Am Abend kamen wir zurück und tranken Milch am Tisch. Wir sprachen über Freude und Leid in der Welt. Ich musste etwas sagen. Ich sprach gegen schlechte Laune.

„Ich glaube, wir beschweren uns zu oft", sagte ich. „Wir sagen, es gibt wenig gute Tage und viele schlechte. Aber oft ist das nicht richtig. Mit offenem Herzen können wir das Gottes Gute genießen. Dann können wir auch das Schlechte ertragen."

„Aber wir können unsere Gefühle nicht steuern", sagte die Pfarrerin. „Der Körper beeinflusst viel. Wenn man sich nicht gut fühlt, ist alles schlecht."

Ich gab ihr recht.

„Ich sage also", fing ich an, „wir sehen es als eine Krankheit. Gibt es dafür kein Mittel?" „Das kann man so sehen", sagte Lotte. „Ich glaube, wir können viel tun. Ich merke das bei mir. Wenn mich etwas ärgert, stehe ich auf. Ich tanze im Garten. Dann geht der Ärger weg." „Genau das wollte ich sagen", antwortete ich. „Schlechte Laune ist wie Faulheit. Es ist eine Art Faulheit. Wir sind oft träge. Aber wenn wir uns zur Arbeit aufraffen, geht es uns besser. Wir haben Spaß an der Arbeit." Friederike hörte aufmerksam zu. Ihr junger Freund sagte, man kann sich nicht immer beherrschen. Man kann seine Gefühle nicht befehlen. „Wir reden hier von einem schlechten Gefühl", sagte ich. „Jeder will es loswerden. Keiner weiß, was er kann. Bis er es versucht. Wer krank ist, fragt die Ärzte. Er nimmt zum Gesundwerden auch bittere Medizin." Ich merkte, der alte Mann wollte gut zuhören. Ich sprach lauter und wandte mich an ihn.

„Noch nie hat jemand gegen schlechte Laune gepredigt", sagte ich. „Das sollten Stadtpfarrer machen", sagte er. „Bauern sind nicht schlecht gelaunt. Aber manchmal wäre es gut. Es wäre eine Lehre für die Frau und den Amtmann." Alle lachten. Auch er, bis er husten musste. Das stoppte unser Gespräch kurz. Dann sprach der junge Mann wieder: „Ist schlechte Laune wirklich ein Laster?" „Ja", antwortete ich. „Es schadet uns und anderen. Wir können nicht immer glücklich sein. Aber wir sollten uns nicht unsere Freude nehmen. Wer schlecht gelaunt ist, will es verbergen. Schlechte Laune ist oft Ärger über uns selbst. Es kommt von Neid und falschem Stolz. Wir sehen glückliche Menschen. Die können wir nicht noch glücklicher machen. Das ist schwer zu ertragen." Lotte lächelte jetzt. Eine Träne in Friederikes Auge ließ mich weiterreden.

„Es ist schlecht, wenn jemand Macht über ein Herz hat und ihm die Freude nimmt. Kein Geschenk kann es wieder gut machen, wenn ein böser Mensch uns die Freude verdirbt." In diesem Moment fühlte ich mich sehr traurig. Ich dachte an früher und musste weinen.

„Ich wünschte, jeder würde sich das jeden Tag sagen: Du kannst deinen Freunden nur helfen, indem du ihre Freude teilst und ihr Glück größer machst. Kannst du ihnen helfen, wenn sie sehr traurig oder verzweifelt sind? Kannst du ihnen helfen, wenn sie sehr krank sind und im Bett liegen, ohne Kraft und Hoffnung, und du stehst da und kannst nichts tun?"

Ich musste an eine Zeit denken, als ich bei so einer traurigen Situation dabei war. Das tat mir sehr weh. Ich hielt mein Taschentuch vor die Augen und ging weg. Lotte rief, wir sollten gehen. Das brachte mich zurück. Auf dem Weg sagte sie, ich nehme mir alles zu sehr zu Herzen. Sie sagte, ich werde daran kaputt gehen. Sie sagte, ich muss auf mich aufpassen. Oh, dieser Engel! Ich muss für sie leben!

Am 6. Juli

Sie kümmert sich immer um ihre todkranke Freundin. Sie ist immer gleich nett und hilft, wo sie kann. Gestern Abend ging sie mit Mariane und dem kleinen Malchen spazieren. Ich wusste das und traf sie. Wir gingen zusammen zurück zur Stadt. Nach eineinhalb Stunden kamen wir an einen Brunnen. Dieser Brunnen ist mir sehr wichtig. Lotte setzte sich auf die Mauer und wir standen vor ihr. Ich dachte an die Zeit, als ich mich sehr allein fühlte. „Lieber Brunnen", sagte ich, „ich habe dich lange nicht besucht". Ich sah nach unten und sah Malchen mit einem Glas Wasser kommen. Ich sah Lotte an und spürte, wie wichtig sie mir ist. Dann kam Malchen mit dem Glas Wasser. Mariane wollte es ihr nehmen. Aber das Kind sagte mit süßer Stimme: „Nein, Lotte soll zuerst trinken!"

Ich war so glücklich darüber, wie sie das sagte. Ich konnte meine Freude nicht zeigen. Ich hob das Kind hoch und küsste es. Das Kind fing an zu schreien und zu weinen. Lotte sagte: „Das war nicht gut." Ich war traurig. „Komm, Malchen", sagte sie und nahm das Kind an die Hand. Sie gingen zu einer Quelle. „Wasch dich schnell, schnell, hier macht das nichts." Ich stand da und sah zu. Das Kind rieb sich mit nassen Händen die Wangen. Es glaubte, das Wasser macht alles sauber, auch den Schmutz vom Gesicht. Lotte sagte: „Es ist genug!" Aber das Kind wusch weiter. Es dachte, mehr waschen ist besser als weniger. Wilhelm, ich habe noch nie so respektvoll einer Taufe zugeschaut. Als Lotte zurückkam, wollte ich mich vor ihr verneigen. Wie vor jemandem, der große Fehler wegzaubert.

Am Abend erzählte ich einem Mann davon. Ich dachte, er versteht mich. Er hat Verstand. Aber er fand es nicht gut von Lotte. Er sagte, man soll Kindern keine falschen Dinge erzählen. Das kann zu vielen Fehlern und Aberglauben führen. Kinder sollten das früh lernen.

Der Mann ließ vor acht Tagen sein Kind taufen. Deshalb sagte ich nichts und blieb in meinem Innern ehrlich. Wir sollten mit Kindern so sein wie Gott mit uns. Gott macht uns glücklich, weil er uns in freundlichem Wahn herumtaumeln lässt.

Am 8. Juli

Kinder sind so einfach! Man freut sich so sehr über einen Blick.
Wir waren wieder in Wahlheim. Die Damen fuhren hin.
Beim Spazieren sah ich in Lottes dunkle Augen. Ich bin dumm, entschuldige! Du solltest ihre Augen sehen. Ich bin müde.
Also mache ich es kurz: Die Damen stiegen in die Kutsche.
Der junge W., Selstadt, Audran und ich standen dabei. Die Frauen redeten mit den Jungs. Die waren guter Dinge. Ich suchte Lottes Augen. Sie schaute jeden an, nur nicht mich! Ich sagte in Gedanken tausendmal ‚Lebewohl' zu ihr. Sie sah mich nicht. Die Kutsche fuhr weg, und ich hatte eine Träne im Auge. Ich sah ihr nach. Lottes Kopf drehte sich zurück. Hat sie nach mir geschaut? Lieber Freund! Ich weiß es nicht. Das ist mein Trost: Vielleicht hat sie nach mir geschaut. Vielleicht! Gute Nacht! Oh, ich bin wie ein Kind!

Am 10. Juli

Wenn ich über Lotte rede, wirke ich albern. Du solltest das sehen! Jemand kann mich fragen, ob sie mir „gefällt". „Gefällt?" Ich mag dieses Wort nicht. Lotte ist mehr für mich als nur „gefällt". Sie füllt mir alle Sinne, alle Empfindungen aus. Man kann auch fragen, ob mir Ossian gefällt. Das ist nicht das Gleiche.

Am 11. Juli

Frau M. geht es sehr schlecht. Ich bete für sie. Denn ich leide mit

Lotte. Ich treffe sie manchmal bei einer Freundin. Heute hat sie mir eine besondere Geschichte erzählt. Der alte M. ist sehr geizig und hat seine Frau immer schlecht behandelt. Aber die Frau konnte immer irgendwie damit umgehen. Vor kurzem sagte der Arzt, sie wird bald sterben. Sie rief ihren Mann zu sich (Lotte war dabei). Sie sagte zu ihm: „Ich muss dir etwas beichten. Nach meinem Tod könnte es sonst Probleme geben. Ich habe unser Haus gut und sparsam geführt. Aber ich habe dich die letzten dreißig Jahre belogen. Am Anfang unserer Ehe hast du mir zu wenig Geld gegeben. Dann wurde unsere Familie größer und unser Geschäft besser. Du wolltest mir nicht mehr Geld geben. Ich sollte mit sieben Gulden pro Woche auskommen. Ich habe das Geld ohne Beschwerde genommen und den Rest jede Woche aus der Kasse genommen. Niemand denkt, die Ehefrau würde Geld stehlen. Ich habe nichts verschwendet. Ich hätte es nie erzählt. Aber wenn die nächste Frau im Haus mehr Geld braucht? Du kannst immer sagen, deine erste Frau hat es mit dem Geld ja auch geschafft."

Ich habe mit Lotte darüber gesprochen. Wie blind Menschen sein können. Wenn jemand nur mit sieben Gulden auskommen muss, stimmt etwas nicht.

Am 13. Juli

Ich täusche mich nicht! Ich sehe in ihren schwarzen Augen viel Gefühl für mich und mein Leben. Ja, ich spüre in meinem Herzen: Sie liebt mich! Kann ich das wirklich sagen? Sie liebt mich!

Bin ich übergeschnappt? Ich fühle mich gut und wertvoll. Denn sie liebt mich. Ist das eitel oder richtig? Ich habe keine Angst vor ihrem Verlobten. Ich kenne ihn nicht. Aber sie spricht mit Liebe und Wärme von ihm. Dann fühle ich mich schlecht und will es am liebsten mit ihm ausfechten.

Am 16. Juli

Es läuft mir bei jeder zufälligen Berührung mit ihr das Blut durch alle Adern. Wenn sich unsere Hände berühren, oder unsere Füße unter dem Tisch! Ich ziehe meine Hand zurück wie von einem Feuer. Aber irgendetwas zieht sie wieder zurück. Ich fühle mich verwirrt. Sie bemerkt nicht meine Qualen bei diesen Berührungen. Ihre Hände und ihr Atem sind wie der Himmel für mich.

Wilhelm, ich würde ihr Vertrauen nie missbrauchen. Ich bin nicht schlecht, ich bin nur schwach. Ist das auch schlecht? Sie ist mir sehr wichtig. Bei ihr vergesse ich alles andere. Meine Seele will nur sie.

Ich bin immer durcheinander, wenn ich bei ihr bin. Als ob die Seele sich mir in allen Nerven umdreht. Sie spielt so eine Melodie auf dem Klavier mit der Kraft eines Engels. So einfach und so geistvoll! Es ist ihr Lieblingslied. Es macht mich verrückt, wenn sie nur die erste Note davon greift. Aber dann geht es mir viel besser. Ich atme wieder freier.

Am 18. Juli

Wilhelm, wir alle brauchen Liebe. Ein Mensch ohne Liebe ist wie eine Laterne ohne Licht. Ein Licht in der Laterne zaubert eine schöne Atmosphäre. Die Laterne macht dann schöne Bilder. Das macht uns glücklich. Auch wenn es nur Bilder sind. Wir freuen uns darüber wie Kinder. Heute konnte ich Lotte nicht sehen. Ich musste woanders hin. Was konnte ich tun? Ich schickte meinen Diener zu ihr. Ich wartete ungeduldig auf ihn. Bei seiner Rückkehr war ich sehr froh. Ich wollte ihn fast umarmen. Warum? Nur weil er bei ihr war!

Es gibt einen besonderen Stein, den Bononischen Stein.
In der Sonne speichert er das Licht. Danach leuchtet er im Dunkeln.
Der Diener leuchtete genauso für mich wie der Stein.

Lotte hatte sein Gesicht, seine Wangen, seine Jackenknöpfe
und seinen Kragen betrachtet. Er hatte ihre Blicke gespürt!
Ich hätte den Diener darum nicht für alles Geld der Welt verkauft.
Bitte lache nicht über mich, Wilhelm! Ich fühle mich gerade wohl.
Sind das Phantome?

Am 19. Juli

„Ich werde sie sehen!" rufe ich morgens aus. Ich freue mich dann schon darauf. Mehr brauche ich nicht. Ich bin dann wunschlos glücklich.

Zu deiner Idee habe ich aber keine Lust. Ich will nicht mit dem Gesandten fortreisen. Ich mag keine Befehle. Der Gesandte ist auch kein netter Mensch. Meine Mutter will, dass ich arbeite. Das finde ich lustig. Ich arbeite doch schon! Mir ist es egal, ob ich Erbsen oder Linsen zähle. Ohne Leidenschaft macht es keinen Sinn. Wer nur für Geld oder Ehre arbeitet, ist dumm.

Am 24. Juli

Ich soll weiter zeichnen, sagst du. Ich habe aber nicht viel gezeichnet.
Ich rede nicht darüber.

Ich war noch nie so glücklich. Ich liebe die Natur sehr. Aber ich kann meine Gefühle nicht gut erklären. Alles ist so unklar in meinem Kopf. Ich denke, ich könnte aus Ton oder Wachs etwas formen. Meine Gedanken. Vielleicht mache ich das auch. Vielleicht forme ich etwas aus Ton.

Ich habe versucht, ein Bild von Lotte zu malen. Aber es ist mir nicht gut gelungen. Das ärgert mich. Früher konnte ich besser malen. Jetzt habe ich nur ihre Umrisse gezeichnet. Das muss reichen.

Lotte, ich mache alles, was du sagst! Bitte gib mir mehr zu tun! Nur bitte kein Sand mehr auf den kleinen Zetteln. Den Zettel von heute habe ich an meine Lippen gehalten. Ich hatte danach Sand zwischen den Zähnen.

Am 26. Juli

Ich versuche, Lotte nicht so oft zu sehen. Aber ich schaffe es nicht. Jeden Tag sage ich „Morgen nicht!". Aber am nächsten Tag finde ich einen Grund, doch zu gehen. Manchmal fragt sie abends: „Kommen Sie morgen?" Wie kann ich dann Nein sagen.

Manchmal gibt sie mir einen Auftrag. Dann erledige ich ihn gern sofort. Oder das Wetter ist sehr schön. Dann gehe ich nach Wahlheim. Von dort ist es nicht weit zu ihr. Ich bin dann ganz nah. Und plötzlich bin ich bei ihr. Meine Großmutter erzählte eine Geschichte. Es ging um einen Berg aus Magnet. Der Berg stand im Meer. Schiffe kamen dem Berg nah. Sie wurden vom Berg angezogen. Die Nägel und die Eisenbeschläge rissen aus den Schiffen und flogen zum Berg. Die Menschen starben zwischen den übereinander stürzenden Brettern.

Am 30. Juli

Lottes Verlobter Albert ist da. Er ist ein guter Mensch. Aber ich kann es nicht ertragen. Ich kann seine Vollkommenheit nicht gut sehen. Der Bräutigam ist ein guter und lieber Mann. Man muss ihn mögen. Ich war bei seiner Ankunft nicht da. Das ist gut für mein Herz. Er ist ehrlich. Er hat Lotte nicht geküsst, als ich dabei war.

Das finde ich gut. Er respektiert das Mädchen. Deshalb muss ich ihn mögen. Er mag mich auch. Vielleicht hat Lotte gesagt, er soll sie nicht küssen. Frauen sind schlau darin. Sie halten zwei Verehrer freundlich zueinander. Das ist gut für die Frauen. Aber es passiert nicht oft.

Trotzdem muss ich Albert respektieren. Er ist eher ruhig.
Ich bin unruhig. Er fühlt viel und schätzt Lotte. Er scheint selten schlechte Laune zu haben. Ich mag schlechte Laune bei Menschen nicht.
Er denkt, ich bin klug. Er bemerkt meine Zuneigung zu Lotte.
Das macht ihn zufrieden. Er liebt sie dann wahrscheinlich nur noch mehr. Vielleicht ist er eifersüchtig auf mich. Ich wäre an seiner Stelle eifersüchtig.

Ich bin nicht mehr froh, bei Lotte zu sein. Ist das dumm oder blind? Habe ich mir immer etwas vorgemacht? Ist auch egal. Ich kann Lotte nicht für mich allein haben. Ich wusste es immer. Ich habe es nicht sehen wollen. Aber jetzt zeigt das Schicksal seine böse Fratze.
Jetzt ist Albert da und bekommt Lotte.

Ich bin wütend und lache über mein Pech. Leute sagen: Ich soll mich abfinden. Über die lache ich noch mehr. Ich will nichts von solchen Ratschlägen hören.

Ich laufe im Wald herum. Wenn ich zu Lotte gehe und Albert ist auch da, bin ich sehr albern. Ich mache dann Quatsch. Lotte sagte heute zu mir: „Bitte mach heute keinen Unsinn wie gestern Abend.
Es ist nicht schön, wenn du so verrückt bist.“ Ich gehe zu ihr, wenn Albert beschäftigt ist. Dann fühle ich mich gut. Besonders wenn sie allein ist.

Am 8. August

Lieber Wilhelm, ich habe mich über Menschen beschwert.

Aber ich habe natürlich nicht dich gemeint. Diese Menschen sagen, wir müssen unser Schicksal akzeptieren. Ich dachte nicht, dass du auch so denkst. Aber du hast auch recht: Meistens gibt es nicht nur ein Entweder-oder, schwarz oder weiß. Gefühle und Handlungen sind irgendwo zwischendrin, mit vielen Schattierungen. Wahrscheinlich hast du recht. Trotzdem versuche ich mich irgendwo durchzumogeln.

Du sagst, entweder habe ich Chancen bei Lotte oder nicht. Wenn ja, soll ich um sie kämpfen. Wenn nein, soll ich stark und nicht traurig sein. Das ist leichter gesagt als getan.

Wenn jemand langsam durch eine Krankheit stirbt: Kannst du dann erwarten, dass er sich schnell tötet? Nimmt die Krankheit ihm nicht gleichzeitig den Mut dazu?

Du könntest sagen: Ist es nicht besser, einen Arm zu verlieren als durch Zögern zu sterben? Ich weiß es nicht. Wir sollten nicht solche Vergleiche anstellen. Manchmal fühle ich mich mutig und würde losgehen. Wenn ich bloß wüsste wohin.

Abends

Ich habe mein Tagebuch lange nicht gelesen. Heute habe ich es wieder getan. Ich bin erstaunt, wie früh ich alles wusste. Ich habe mich trotzdem wie ein Kind verhalten. Ich sehe immer noch klar und es wird nicht besser.

Am 10. August

Ich könnte ein sehr glückliches Leben haben. Aber ich bin dumm. Ich habe alles, was mich froh macht. Aber unser Herz bestimmt unser Glück.

Ich bin Teil einer netten Familie. Der alte Mann liebt mich wie einen Sohn. Die Kinder lieben mich wie einen Vater. Und Lotte! Albert ist auch da. Er ist immer nett zu mir. Er ist mein Freund. Nach Lotte ist er mir am wichtigsten.

Wilhelm, es macht Spaß, mit Albert spazieren zu gehen. Wir reden dann über Lotte. Manchmal muss ich dabei weinen. Albert erzählt mir von Lottes guter Mutter. Bei ihrem Tod gab sie Lotte das Haus und die Kinder. Seitdem kümmert sich Lotte um alles. Sie arbeitet viel und liebt ihre Familie. Trotzdem ist sie immer fröhlich.

Bei den Spaziergängen mit Albert pflücke ich Blumen.
Ich mache einen Strauß daraus. Dann werfe ich den Strauß ins Wasser.
Ich schaue zu, wie die Blumen wegtreiben.

Ich weiß nicht, ob ich dir das schon gesagt habe. Albert wird hier bleiben. Er bekommt eine gute Arbeit auf dem Hof. Alle mögen ihn dort. Er arbeitet sehr ordentlich und fleißig.

Am 12. August

Albert ist wirklich ein guter Mensch. Gestern habe ich mich von ihm verabschiedet. Ich wollte in die Berge reiten. Von dort schreibe ich dir jetzt.
In Alberts Zimmer sah ich seine Pistolen. Ich wollte die Pistolen für meine Reise ausleihen. Ich fragte ihn um seine Erlaubnis.
Er sagte ja. Er lädt sie nicht. Sie hängen nur zur Dekoration da.
Ich nahm eine Pistole. Dann erzählte er mir eine Geschichte.
Er war bei einem Freund auf dem Land. Er hatte zwei kleine Pistolen.
Sie waren nicht geladen. Er fühlte sich sicher. Eines Tages hatte er aber Angst vor einem Überfall. Er wollte die Pistolen laden lassen.
Sein Diener sollte das machen. Aber der Diener vergnügte sich mit einer jungen Frau und wollte sie erschrecken. Die Pistole ging los.

Die junge Frau wurde verletzt. Albert musste für die Behandlung bezahlen. Seitdem lässt er seine Waffen ungeladen. Albert denkt viel über Vorsicht nach. Er sagt: „Man kann nicht alles lernen, was gefährlich ist. Aber …"

Ich mag ihn sehr. Aber er sagt oft „aber". Ein allgemeiner Satz hat immer Ausnahmen. Menschen erklären oft vieles mit „aber". Aber irgendwann ist nichts mehr übrig.

Irgendwann hörte ich ihm nicht mehr zu. Ich nahm eine der Pistolen und hielt mir die Pistole an den Kopf. Albert nahm mir die Pistole weg und fragte, was das soll. Ich sagte, sie ist nicht geladen. Er fragte, warum ich so etwas tue. Es sei dumm, so etwas zu tun. Ich sagte, Menschen nennen Dinge schnell dumm oder schlau. Aber sie wissen nicht alles darüber. Sie sollten nicht so schnell urteilen.

„Du stimmst mir sicher zu", sagte Albert, „Manche Taten sind immer schlecht. Egal warum sie getan werden." Ich zuckte mit den Schultern und stimmte ihm zu. „Aber", sagte ich weiter, „es gibt Ausnahmen. Klar, Stehlen ist schlecht. Aber was ist mit dem, der aus Hunger stiehlt? Verdient er Mitleid oder Strafe? Der Mann, der aus Wut seine untreue Frau bestraft – wer bestraft den? Oder das Mädchen, das sich in Liebe verliert? Sogar unsere Gesetzgeber sind manchmal nachsichtig und bestrafen nicht."

„Das ist was ganz Anderes", sagte Albert. „Wer sich von seinen Gefühlen leiten lässt, kann nicht klar denken. Er ist wie ein Betrunkener oder Verrückter." „Ach, ihr vernünftigen Leute!", rief ich lächelnd. „Leidenschaft! Trunkenheit! Wahnsinn! Ihr bleibt ruhig und vernünftig. Ihr kritisiert den Betrunkenen, verachtet den Verrückten. Ihr geht vorbei und seid froh, nicht so zu sein wie die. Ich war selbst oft betrunken. Meine starken Gefühle waren nah am Wahnsinn. Aber das ist in Ordnung für mich. Denn Menschen, die Unglaubliches tun, gelten oft als verrückt oder betrunken. Auch im normalen Leben sagen die Leute schnell: ‚Der ist betrunken oder verrückt!', wenn jemand etwas Besonderes macht. Das finde ich nicht gut."

Albert sagte: „Das sind deine seltsamen Ideen. Du übertreibst. Und du hast Unrecht. Du vergleichst Selbstmord mit einer großen Tat. Aber Selbstmord ist eher eine Schwäche. Es ist einfacher zu sterben als ein schweres Leben zu ertragen."

Ich wollte fast aufhören zu reden. Ich mag vernünftige Antworten nicht, während ich mein Herzen sprechen lasse. Aber ich habe mich beruhigt. Ich habe das schon oft gehört und war oft wütend darüber. Ich antwortete ihm energisch: „Du sagst, das ist Schwäche? Lass dich nicht täuschen. Was ist mit einem Volk, das unter einem schlimmen Herrscher leidet? Wenn es sich wehrt und frei wird – ist es dann schwach?"

Ein Mensch, der vor Schreck über ein Feuer in seinem Haus über sich hinauswächst, alle seine Kräfte spürt und Sachen trägt, die er sonst kaum tragen kann – ist der schwach? Ein Mann, der vor Wut gegen sechs andere Männer kämpft und sie besiegt. Sind die schwach? Und wenn Anstrengung Stärke ist, warum soll dann zu viel Anstrengung schwach machen?"

Albert schaute mich an und sagte: „Bitte sei nicht böse, aber deine Vergleiche hinken." „Vielleicht", sagte ich, „Man hat mir schon oft gesagt, ich denke nicht vernünftig. Lass uns überlegen, wie sich ein Mensch fühlt, der beschließt, sein Leben nicht mehr leben zu müssen. Denn wir können nur darüber sprechen, was wir auch fühlen."

Jeder Mensch kann Glück, Trauer und Schmerz nur bis zu einem Punkt aushalten. Wenn es zu viel wird, geht er kaputt. Es geht also nicht darum, ob jemand schwach oder stark ist. Es geht darum, ob er seinen Schmerz aushalten kann, ob er nun seelisch oder körperlich ist. Ein Mensch ist nicht feige, weil er sich umbringen will. Jemand ist doch auch nicht, der an einem schlimmen Fieber stirbt."

„Paradox! Sehr paradox!", rief Albert.

„Es ist nicht so schlimm, wie du denkst", sagte ich. „Wir nennen es die Krankheit zum Tode. Die Verzweiflung macht den Körper schwach. Er kann sich nicht mehr erholen. Jetzt denke an den Geist. Stelle dir vor, wie ein Mensch begrenzt ist. Stelle dir vor, wie Eindrücke ihn beeinflussen. Stelle dir vor, wie Ideen in seinem Kopf bleiben. Es entsteht eine starke Leidenschaft. Sie nimmt ihm die Ruhe und zerstört ihn. Es bringt nichts, wenn ein ruhiger, vernünftiger Mensch ihm helfen will. Es ist wie ein gesunder Mensch, der neben einem Kranken steht. Er kann ihm keine Kraft geben."

Albert fand das zu ungenau. Ich erinnerte ihn an ein Mädchen. Sie wurde vor kurzem tot im Wasser gefunden. Ich erzählte ihm ihre Geschichte.

Ein junges nettes Mädchen wächst auf. Sie kennt nur Arbeit zu Hause und kleine Freuden. Am Sonntag geht sie manchmal schön angezogen spazieren. Sie tanzt hin und wieder bei großen Festen. Sie redet gerne über bestimmte Ereignisse mit den Nachbarn. Dann plötzlich fühlt sie sich zu einem Mann hingezogen. Dieser Mann ist ihr sehr wichtig. Sie denkt nur an ihn. Sie möchte nur bei ihm sein. Sie hat nicht viele flüchtige Freuden erlebt. Ihr Wunsch ist es, mit ihm zusammen zu sein. Sie möchte mit ihm glücklich sein. Sie möchte alle Freuden erleben, die sie vermisst hat.

Sie verspricht immer wieder, dass sie sicher sein kann. Zärtliche Berührungen machen ihre Sehnsucht größer. Ihre Seele ist ganz erfüllt davon. Sie hat das Gefühl, bald große Freude zu erleben. Sie ist sehr aufgeregt. Sie will ihre Wünsche erreichen. Aber ihr Liebster verlässt sie.

Sie steht wie erstarrt da und sieht einen Abgrund. Um sie herum ist alles dunkel. Sie hat keine Hoffnung und keinen Trost. Sie fühlt sich ohne Leben. Ihr Liebster ist fort. Sie sieht nicht die Welt um sich herum. Für sie kann es keine anderen Männer geben. Sie fühlt sich ganz allein.

Ihr Herz tut so weh, da springt sie in den Tod. So endet die Geschichte von manchen Menschen. Ist das nicht wie eine Krankheit? Die Natur findet keinen Weg aus dem Problem. Der Mensch muss sterben.

Es ist schlimm, wenn jemand dann sagt: „Sie ist dumm! Hätte sie gewartet, wäre es besser geworden. Jemand anderes hätte sie getröstet. Das ist wie wenn jemand sagt: ‚Wer am Fieber stirbt, ist dumm! Wer wartet, bis man sich besser fühlt, lebt heute noch.'"

Albert verstand den Vergleich nicht. Er sagte, ich hätte nur von einem dummen Mädchen gesprochen. Er fragte, wie man einen klugen Menschen entschuldigen könnte. Ich sagte: „Ein Mensch ist ein Mensch. Wenn Leidenschaft wütet und die Grenzen der Menschheit einen drängen, fällt das bisschen Verstand aus." Ich wollte mehr sagen. Aber ich nahm meinen Hut. Mein Herz war voll. Wir gingen, ohne uns zu verstehen. Auf dieser Welt verstehen sich ja oft zwei Menschen nicht.

Am 15. August

Liebe ist das Wichtigste für Menschen. Ich spüre, Lotte möchte mich nicht verlieren. Die Kinder erwarten mich auch jeden Tag.

Heute wollte ich Lottes Klavier stimmen. Aber ich konnte nicht. Die Kinder wollten ein Märchen hören. Lotte sagte, ich soll ihnen den Wunsch erfüllen.

Ich gab ihnen ihr Abendessen. Sie mögen das Essen fast so gern von mir wie von Lotte. Ich erzählte ihnen eine Geschichte über eine Prinzessin. Die Prinzessin wird von Händen bedient. Ich lerne viel dabei. Ich bin überrascht, wie die Kinder darauf reagieren. Manchmal erfinde ich etwas in der Geschichte. Das nächste Mal erzähle ich dann wieder anders. Die Kinder merken es sofort. Sie sagen, es war vorher anders. Jetzt übe ich, die Geschichte immer gleich zu erzählen. Ein Autor schadet seinem Buch, wenn er es ändert. Das habe ich gelernt. Auch wenn die neue Version schöner ist. Der erste Eindruck ist wichtig. Menschen glauben schnell an unglaubliche Dinge. Was einmal im Kopf ist, bleibt da. Dann ist es schwer zu ändern.

Am 18. August

Musste es so kommen? Muss was einen Menschen glücklich macht, auch sein Unglück werden?

Die Liebe zur Natur hat mich sehr glücklich gemacht. Die Natur machte die Welt für mich schön. Schön wie ein Paradies. Jetzt macht mich die Natur sehr unglücklich. Ihr Anblick quält mich überall.

Auf den Felsen mit Blick ins Tal sah ich fruchtbaren Boden. Überall um mich herum war sprudelndes Leben. Ich sah Berge voller hoher Bäume. Die Täler waren voller schöner Wälder. Ein ruhiger Fluss floss zwischen rauschendem Gras. Die vom Abendwind geschobenen Wolken spiegelten sich in ihm. Vögel machten den Wald lebendig. Millionen Mücken tanzten im letzten Sonnenlicht. Ein letzter Sonnenstrahl befreite einen Käfer aus dem Gras. Um mich herum war Summen und Schwirren. Ich schaute auf den Boden. Das Moos zog Nahrung aus dem harten Felsen. Pflanzen wuchsen auf trockenem Sandhügel. Die Natur war so lebendig. Ich liebte das sehr. Ich fühlte mich überwältigt von der Fülle der Natur. Die Natur machte meine Seele glücklich

Riesige Berge lagen um mich herum. Tiefe Abgründe lagen vor mir. Bäche stürzten herunter. Flüsse flossen unter mir. Wald und Berge waren voller Geräusche. Die verschiedensten Geschöpfe wimmelten in und unter der Erde. Ich spürte ihre tiefen Kräfte. Sie waren unergründlich.

Überall gibt es viele Formen des Lebens. Die Menschen leben in kleinen Häusern. Sie fühlen sich sicher und herrschen über ihre Welt. Aber sie sind klein und sehen nicht, wie groß alles ist. Gott der Schöpfer ist überall. Er ist in den Bergen, in der Wüste und im Meer. Er freut sich über jedes kleine lebendige Teilchen.

Ich habe oft gewünscht, ich könnte fliegen. Wie ein Kranich wollte ich zum großen Meer fliegen. Ich wollte dieses Lebensgefühl wie aus einem großen Becher trinken. Ich wollte für einen Moment das Glück spüren. Das Glück Gottes, der alles macht.

Bruder, ich denke gerne an diese Zeit zurück. Wenn ich darüber spreche, fühle ich mich besser. Aber dann merke ich auch, wie traurig ich jetzt bin.

Es ist, als ob ein Vorhang weggezogen wurde. Das Leben wird plötzlich zu einem tiefen Grab. Hat überhaupt etwas wirklich existiert? Alles geht vorbei. Alles bewegt sich schnell und ist plötzlich nicht mehr da. Es wird vom Strom mitgerissen, geht unter und zerschellt an Felsen.

In jedem Moment wird etwas zerstört, auch wenn wir es nicht wollen. Wenn wir spazieren gehen, sterben kleine Tiere. Ein Tritt kann das Zuhause von Ameisen zerstören. Große Katastrophen wie Überschwemmungen oder Erdbeben machen mich nicht traurig. Was mich traurig macht, ist die zerstörerische Kraft in der Natur. Ich fühle mich verloren und sehe überall nur Zerstörung.

Am 21. August

Umsonst strecke ich meine Arme nach ihr aus. Morgens, wenn ich von schweren Träumen aufdämmere. Vergebens suche ich sie nachts in meinem Bette. Ein glücklicher, unschuldiger Traum täuscht mich. Ich träumte, ich sitze neben ihr auf der Wiese, halte ihre Hand und bedecke sie mit tausend Küssen. Ach, wenn ich dann noch halb im Taumel des Schlafes nach ihr tappe und drüber wach werde: Ein Strom von Tränen bricht aus meinem gepressten Herzen, und ich weine trostlos einer finsteren Zukunft entgegen.

Am 22. August

Es ist schlimm, Wilhelm. Ich will etwas tun, aber ich kann nicht. Ich kann nicht still sitzen. Aber ich schaffe es auch nicht, etwas zu machen.

Ich kann mir nichts Schönes mehr vorstellen und fühle nichts für die Natur. Bücher mag ich nicht mehr. Auch mich selbst mag ich nicht mehr. Manchmal wünsche ich mir, ein Arbeiter zu sein. Dann hätte ich morgens einen Grund aufzustehen. Ich wüsste, was ich zu tun habe.
Das gibt Hoffnung. Ich beneide oft Albert. Der versinkt in seiner Arbeit. Ich wäre gerne an seiner Stelle. Ich wollte dir und dem Minister schon schreiben. Ich wollte um die Stelle bei ihm bitten. Du sagst, ich würde

sie bekommen. Der Minister mag mich und wollte mir Arbeit geben. Manchmal will ich das auch. Aber dann denke ich an die Geschichte vom Pferd, das nicht mehr frei sein wollte und dann fast zu Tode geritten wurde. Ich weiß nicht, was ich tun soll. Ist mein Wunsch nach Veränderung nur Unruhe, die mich immer begleitet?

Am 28. August

Wenn jemand meine Krankheit heilen könnte, dann nur bestimmte Menschen. Heute ist mein Geburtstag. Früh bekam ich ein Paket von Albert. Ich sah sofort eine hellrote Schleife. Lotte trug diese Schleife regelmäßig. Ich hatte sie oft darum gebeten. Es waren auch zwei kleine Bücher dabei. Eines war ein kleiner Homer. Ich hatte oft nach dieser Ausgabe gefragt. Die Sprache im Buch ist leicht zu verstehen und gut für Spaziergänge. Lotte und Albert kennen meine Wünsche und erfüllen sie. Die beiden tun kleine Dinge für mich, die viel mehr bedeuten als große Geschenke. Große Geschenke machen mich manchmal klein. Ich küsse die Schleife sehr oft. Mit jedem Atemzug denke ich an meine schönen Tage zurück. Wilhelm, ich beschwere mich nicht. Die schönen Momente im Leben sind kurz. Viele Momente gehen vorbei und hinterlassen keine Spur. Nur wenige Momente bringen etwas Gutes. Und nur wenige von diesen guten Dingen reifen. Aber es gibt genug davon. Mein Bruder, dürfen wir die reifen Früchte einfach verrotten lassen?

Leb wohl! Der Sommer ist wunderschön. Ich sitze oft auf den Obstbäumen in Lottes Garten. Ich benutze eine lange Stange zum Birnen pflücken. Lotte steht unten und fängt die Birnen auf.

Am 30. August

Bin ich ein Narr? Mache ich mir selbst etwas vor?

Warum habe ich so starke Gefühle für Lotte? Ich bete nur zu ihr. Ich stelle mir nur sie vor. Ich sehe nur sie. Ich denke nur an sie. Das macht mich manchmal glücklich. Aber dann muss ich sie wieder verlassen. Ach Wilhelm! Mein Herz will so viel. Wenn ich bei ihr bin, für zwei, drei Stunden und sie anschaue, wie sie sich bewegt, wie sie spricht, dann fühle ich mich anders. Ich werde schwach. Ich sehe schlecht. Ich höre kaum. Es fühlt sich an, als würde mich jemand würgen. Mein Herz schlägt schnell und macht alles noch schlimmer. Wilhelm, manchmal weiß ich nicht ob ich wirklich lebe. Bei Traurigkeit tröstet mich Lotte. Ausgerechnet. Dann weine ich auf ihrer Hand. Sonst muss ich weggehen. Ich gehe dann weit weg. Ich klettere auf einen hohen Berg. Ich suche einen Weg durch einen dichten Wald. Ich gehe durch Büsche und Dornen, die mich verletzen. Dann geht es mir ein bisschen besser. Ein bisschen.

Manchmal bin ich so müde. Ich bleibe dann unterwegs liegen. Manchmal passiert das nachts, wenn der Mond hell scheint. Dann setze ich mich im Wald auf einen krummen Baum. Das tut meinen schmerzenden Füßen gut. Dann schlafe ich ein wenig. O Wilhelm! Ich wünsche mir ein einfaches Leben. Wie in einer Mönchszelle. Ich sehe kein Ende meines Leids. Nur das Grab.

Am 3. September

Ich muss weg! Danke, Wilhelm, dass du mir geholfen hast mich zu entscheiden. Seit zwei Wochen überlege ich, sie zu verlassen. Ich muss weg. Sie ist wieder in der Stadt bei einer Freundin. Und Albert – ich muss einfach weg!

Am 10. September

Diese Nacht war hart, Wilhelm! Aber jetzt halte ich alles aus.

Ich werde sie nicht wiedersehen. Ach, könnte ich dir nur in die Arme fallen und dir meine Gefühle zeigen. Ich sitze hier, atme schwer und versuche ruhig zu werden. Ich warte auf den Morgen. Bei Sonnenaufgang kommen die Pferde.

Sie schläft. Sie wird mich nie wieder sehen. Sie weiß es nicht. Ich habe es geschafft, mich von ihr zu lösen. Vor zwei Stunden habe ich mit Lotte gesprochen. Ich habe meinen Plan nicht verraten. Und das Gespräch war so schwer!

Albert kam nach dem Abendessen mit Lotte in den Garten. Ich stand unter den großen Kastanienbäumen auf der Terrasse. Ich sah zu, wie die Sonne zum letzten Mal unterging. Das Tal und der Fluss sahen schön aus. Ich stand oft hier mit ihr und sah den Sonnenuntergang. Jetzt ging ich auf und ab in meiner geliebten Allee. Schon vor Lotte zog es mich hierher. Lotte und ich mochten diesen Ort. Es ist ein sehr romantischer Ort.

Zuerst sieht man viel zwischen den Kastanienbäumen. Ich habe schon viel davon geschrieben. Hohe Buchenwände sind um einen herum. Dann wird die Allee dunkler. Am Ende ist ein kleiner ruhiger Platz. Beim ersten Mal mittags fühlte es sich geheimnisvoll an. Da ahnte ich ein bisschen, wie wichtig dieser Ort für Seligkeit und Schmerz wird.

Ich dachte eine halbe Stunde lang über das Abschiednehmen und Wiedersehen nach. Dann hörte ich sie die Terrasse hochkommen.

Ich ging auf sie zu und nahm ihre Hand. Ich küsste sie. Wir standen draußen. Der Mond ging auf. Wir sprachen über vieles. Wie von selbst kamen wir zu dem düsteren Kabinett. Lotte ging hinein und setzte sich. Albert setzte sich neben sie. Ich setzte mich auch. Aber ich war unruhig. Ich stand wieder auf und ging hin und her. Lotte wies auf das schöne Mondlicht hin. Es fiel auf die Terrasse. Ringsherum war es dunkel. Wir waren still. Dann sprach Lotte über verstorbene liebe Menschen. Sie denkt immer an sie bei solchen Spaziergängen im Mondlicht. Sie sprach über Tod und Zukunft. „Wir werden uns wiedersehen", sagte sie. „Aber, Werther, werden wir uns erkennen? Was denken Sie?" Ich nahm ihre Hand und hatte Tränen in den Augen. „Lotte", sagte ich, „wir werden uns wiedersehen. Hier und dort." Ich konnte nicht weiterreden. Wilhelm, warum musste sie das fragen? Ich war doch schon so traurig! „Und ob die Verstorbenen von uns wissen", sagte sie weiter, „ob sie fühlen, wenn es uns gut geht? Ob sie wissen, dass wir sie lieben? Oh! Meine Mutter ist immer bei mir, wenn ich abends mit den Kindern sitze. Ich sitze dann so wie sie früher mit uns. Ich schaue zum Himmel und wünsche mir, sie kann kurz zu uns sehen. Ich halte mein Versprechen. Hoffentlich sieht sie das. Ich hatte ihr versprochen, für ihre Kinder da zu sein. Manchmal denke ich, ich kann nicht so gut sein wie sie. Aber ich tue mein Bestes. Die Kinder haben Kleidung und Essen. Sie werden auch geliebt und umsorgt. Wenn meine Mutter unsere Harmonie sehen könnte, wäre sie dankbar. Sie würde Gott danken. Sie hat für das Wohl der Kinder gebetet."

Sie hat das gesagt. O Wilhelm, niemand kann wiederholen, was sie gesagt hat. Buchstaben können nicht zeigen, was sie gefühlt hat. Albert sagte zu ihr: „Das ist zu schwer für dich, liebe Lotte! Ich weiß, du denkst oft an diese Dinge. Aber bitte tue es nicht." Lotte antwortete: „Oh Albert, du erinnerst dich an die Abende. Wir saßen am kleinen Tisch, wenn Papa weg war. Die kleinen Kinder schliefen schon. Du hattest oft ein gutes Buch, aber kaum Zeit zum Lesen. War die Zeit mit meiner Mutter nicht das Beste? Eine schöne und fleißige Frau. Ich weinte früher oft im Bett. Ich betete zu Gott. Ich wollte so sein wie ihre Mutter."

„Lotte!", rief ich und fiel vor ihr hin. Ich nahm ihre Hand und weinte viel.

„Lotte! Gott segnet dich. Deine Mutter ist bei dir." „Wenn du sie gekannt hättest", sagte sie und drückte meine Hand. „Du hättest es verdient!" Ich war sehr berührt. Dass eine so wunderbare Frau jung sterben musste. Ihr kleiner Sohn war noch ein Baby. Ihre Krankheit war kurz. Sie war ruhig und dachte an ihre Kinder. Das Baby machte ihr am meisten Sorgen.

Kurz vor ihrem Tod wollte sie ihre Kinder sehen. Ich brachte die Kinder zu ihr. Sie betete für sie und küsste sie alle. Dann schickte sie die Kinder weg. Sie sagte zu mir: ‚Sei ihre Mutter!' Ich versprach es ihr. Mutter sagte: ‚Du versprichst viel. Du musst ein Mutterherz und Mutteraugen haben. Du kannst das. Du hast es schon gezeigt. Sei gut zu deinen Geschwistern. Sei treu und gehorsam zu deinem Vater. Du wirst ihn trösten.'

Sie fragte nach ihm. Er war nicht da. Er wollte seinen großen Kummer verstecken. Der Mann war sehr traurig. Albert, du warst im Zimmer. Sie hörte Schritte. Sie rief dich zu sich. Meine Mutter sah dich und mich an. Sie sah beruhigt aus. Sie dachte, wir würden zusammen glücklich sein." Albert umarmte sie. Er küsste sie. Er sagte: „Wir sind glücklich! Wir bleiben glücklich!" Albert war sehr aufgeregt. Ich war verwirrt.

„Warum ist diese Frau gestorben?", fragte sie. „Es ist so traurig, wenn Kinder ihre Mutter verlieren. Die Kinder sagten, dunkel gekleidete Männer haben ihre Mama weggebracht." Sie stand auf. Ich war wie aufgewacht und erschüttert. Ich saß da und hielt ihre Hand. „Wir müssen gehen", sagte sie. „Es ist Zeit." Sie wollte ihre Hand wegziehen. Ich hielt sie fest. „Wir sehen uns wieder", rief ich. „Wir erkennen uns immer wieder." Ich sagte, ich gehe jetzt. Aber für immer gehen könnte ich nicht.

„Leb wohl, Lotte! Leb wohl, Albert! Wir sehen uns wieder."

Sie antwortete spaßig: „Vielleicht morgen.“ Ich wusste, für mich gibt es kein „morgen“.

Sie nahm ihre Hand aus meiner. Sie wusste nicht, was das für mich bedeutete. Sie gingen den Weg entlang. Ich stand da, sah ihnen im Mondlicht nach. Dann warf ich mich auf den Boden, weinte viel, stand auf und lief zur Terrasse. Ich sah ihr weißes Kleid noch im Schatten der großen Bäume. Es ging zur Gartentür. Ich streckte meine Arme aus. Aber sie war weg.

Zweites Buch

20. Oktober 1771

Gestern sind wir angekommen. Der Gesandte ist krank. Er muss einige Tage hierbleiben. Wenn er nur nicht so unfreundlich wäre. Dann wäre alles gut. Das Leben ist hart für mich. Aber ich muss guten Mut bewahren! Ein leichter Sinn hilft mir. Ein leichter Sinn? Komisch, so etwas zu schreiben. Ein bisschen mehr Fröhlichkeit in mir würde mich sehr glücklich machen. Andere sind mit wenig Kraft und Talent zufrieden. Ich zweifle an meiner Kraft und meinen Talenten. Lieber Gott, du hast mir das alles gegeben. Warum hast du mir nicht weniger gegeben und dafür mehr Selbstvertrauen und Zufriedenheit?

Ich muss geduldig sein. Es wird besser werden. Mein Freund, du hast recht. Jetzt bin ich jeden Tag unter Leuten. Da geht es mir besser. Wir vergleichen uns immer mit anderen. Glück oder Unglück hängt davon ab, mit wem wir uns vergleichen. Allein zu sein ist gefährlich.

Wir denken oft, andere Menschen sind besser als wir. Wir denken, sie haben etwas, was uns fehlt. Wir geben ihnen auch unsere guten Eigenschaften. So erschaffen wir in unserer Fantasie perfekte Menschen.

Wir machen mit unseren Schwächen weiter. Manchmal sind wir dann doch besser als andere. Das fühlt sich gut an.

Am 26. November

Ich beginne mich hier ganz gut zu fühlen. Es gibt viel zu tun. Die vielen verschiedenen Menschen sind wie ein buntes Theater in meinem Kopf. Ich habe Graf C. kennengelernt. Ich bewundere ihn jeden Tag mehr. Er ist klug und trotzdem nicht ohne Herz. Er zeigt viel Gefühl für Freundschaft und Liebe. Ich gab ihm einen Auftrag. Da kamen wir ins Gespräch. Wir verstanden uns schnell. Er konnte mit mir reden wie mit sonst niemandem. Ich mag sein offenes Verhalten. Eine gute Seele versteht mich. Das ist schön zu sehen.

Am 24. Dezember

Der Gesandte ärgert mich sehr. Das habe ich erwartet. Er ist überpünktlich und erledigt alles exakt nacheinander. Er ist wie eine alte Tante, nie mit sich zufrieden. Deshalb kann ihm niemand es recht machen. Ich arbeite gerne schnell. Ich bin mit dem ersten Ergebnis zufrieden. Aber er gibt mir Arbeiten zurück und sagt: „Es ist gut, aber schau nochmal drüber. Man findet immer ein besseres Wort." Das macht mich wütend. Er will, dass alles genau ist. Er mag es nicht, wenn ich Sätze anders schreibe. Wenn es nicht so klingt, wie er es gewohnt ist, versteht er nichts. Es ist schwer, mit so einer Person zu arbeiten.

Nur das Vertrauen des Grafen von C. macht es besser für mich. Er ist auch unzufrieden mit der Langsamkeit meines Gesandten. Das hat er mir gesagt. Diese Leute machen alles komplizierter für sich und andere.

„Ja", sagte er, „man muss es akzeptieren wie ein Reisender, der über einen Berg steigen muss. Ohne den Berg wäre der Weg einfacher und kürzer. Aber der Berg ist nun mal da, und man muss rüber!"

Der Gesandte hat etwas gemerkt. Der Graf mag mich mehr. Das ärgert ihn. Er will immer schlecht über mich beim Grafen sprechen. Ich wehre mich natürlich. Das macht alles nur schlimmer. Gestern hat er mich wirklich geärgert. Er meinte, der Graf sei gut für Geschäfte. Er arbeitet leicht und schreibt gut. Aber er sagt: Dem Grafen fehle es an echtem Wissen, wie allen Schriftstellern. Er wollte mich wahrscheinlich ärgern. Aber ich ließ mich nicht ärgern. Ich verachtete stattdessen den Gesandten und seine Meinung. Ich hielt dagegen und stritt heftig. Man muss den Grafen respektieren. Wegen seinem Charakter und seinem Wissen. Ich sagte: „Ich kenne niemanden, der seinen Geist so erweitert hat. Er denkt über viele Dinge nach und bleibt trotzdem praktisch.“ Das verstand der Gesandte nicht. Ich ließ ihn in Ruhe. Ich wollte nicht noch mehr Ärger bekommen.

Ihr seid alle Schuld. Ihr habt mich überredet aktiv zu sein. Aktiv sein! Ich arbeite vielleicht so viel wie jemand, der Kartoffeln pflanzt und Korn verkauft. Dann arbeite ich noch zehn Jahre hart wie auf einer Galeere. Ich fühle mich gefangen.

Das Leben hier ist traurig. Ich langweile mich mit den Leuten hier. Sie sind nicht nett. Sie wollen immer besser sein als die anderen. Sie haben schlechte Eigenschaften. Eine Frau erzählt jedem von ihrem Adel und ihrem Land. Jeder Fremde denkt, sie muss ein bisschen verrückt sein. Aber es ist noch schlimmer: Diese Frau kommt eigentlich aus der Nachbarschaft und ist die Tochter eines Amtsschreibers. Die Menschen wollen etwas Besseres sein. Das ist so sinnlos. Ich verstehe das nicht.

Ich merke, es ist dumm, andere so zu sehen wie mich selbst. Ich habe viel mit mir selbst zu tun. Mein Herz ist unruhig. Ich lasse andere in Ruhe leben, wenn sie mich auch in Ruhe lassen.

Mich stören die normalen gesellschaftlichen Probleme. Menschen müssen verschieden sein. Manche Gruppen von Menschen sind bedeutender als andere. Das hilft mir auch. Aber manchmal stört es mich.

Manchmal will ich einfach nur Spaß haben und glücklich sein. Vor kurzem habe ich beim Spazieren ein nettes Mädchen kennengelernt. Sie heißt Fräulein von B.. Sie ist sehr nett und natürlich. Wir konnten gut miteinander reden. Wir verabschiedeten uns, und ich fragte ich sie nach einem Wiedersehen. Sie sagte ja, und das sehr freundlich. Ich freute mich sehr auf den Besuch. Sie kommt nicht von hier und lebt bei ihrer Tante. Die Tante sieht streng aus. Ich war sehr nett zu ihr und habe viel mit ihr geredet. Nach kurzer Zeit erkannte ich etwas. Das Mädchen bestätigte mir das später auch. Ihre Tante hat nicht viel Geld und ist nicht besonders schlau. Sie hat nur ihre Familie. Die Familie hatte Bedeutung. Die Tante ist stolz darauf. Sie fühlt sich nur wohl, wenn sie auf andere herabschauen kann. Als junge Frau war sie schön und hat ihr Leben nicht ernst genommen. Sie hat oft Männer schlecht behandelt. Später hat sie einem alten Soldaten gehorcht. Er hat sie versorgt, bis er starb. Jetzt ist sie allein. Die Menschen beachten die Tante nur, weil ihre Nichte nett ist.

8. Januar 1772

Manche Menschen wollen immer ihren Platz bei Tisch verbessern. Sie wollen immer weiter vorne sitzen. Aber das bringt nur mehr unnötige Arbeit. Man verliert nur Zeit für wichtige Dinge. Letzte Woche gab es Streit beim Schlittenfahren. Der Spaß war kaputt.

Die Dummen finden Platz sehr wichtig. Oft bestimmt jemand anderes als wer vorne sitzt. Manchmal regiert ein Minister den König. Manchmal regiert ein Sekretär den Minister. Der Beste nutzt andere für seine Pläne.

20. Januar

Liebe Lotte, ich schreibe Ihnen aus einer kleinen Bauernherberge.

Ich bin hier wegen eines starken Unwetters.

Ich bin in einem traurigen Ort. Ich fühle mich fremd bei den Menschen hier. Ich wollte Ihnen nicht schreiben. Aber jetzt allein in meiner Hütte denke ich an Sie, Lotte. Draußen stürmt es. Als ich hereinkam musste ich sofort an Sie denken. So heilig, so warm! Guter Gott! Der erste glückliche Augenblick.

Wenn Sie mich sehen könnten! Ich bin oft abgelenkt. Meine Gefühle sind wie ausgetrocknet. Ich habe keine glücklichen Stunden. Ich fühle mich leer. Als ob ich in einem Spielzeugkasten stehe. Ich sehe die kleinen Figuren und frage mich, ob das echt ist. Ich werde wie eine kleine Spielzeugfigur bewegt. Manchmal berühre ich jemanden und erschrecke.

Abends will ich den Sonnenaufgang sehen. Aber morgens stehe ich nicht auf. Tagsüber will ich den Mond sehen. Aber ich bleibe abends drinnen. Ich weiß nicht recht, warum ich überhaupt aufstehe oder schlafen gehe.

Meine Energie von früher ist verschwunden. Früher hielt mich die Freude wach. Sie ist nicht mehr da. Auch die Freude morgens ist verschwunden.

Ich habe hier eine junge Frau kennengelernt. Sie sieht aus wie Sie, liebe Lotte. Sie werden denken, ich mache schöne Komplimente. Das stimmt ein bisschen. Ich bin nett und mache Witze. Die Frauen sagen, ich mache gute Komplimente. Ich wollte über das Mädchen sprechen. Sie hat eine schöne Seele. Das sieht man in ihren blauen Augen. Sie mag ihre Herkunft nicht. Sie erfüllt ihre Wünsche nicht. Sie möchte kein unruhiges Leben mehr. Wir träumen zusammen von einem glücklichen Leben auf dem Land. Und von Ihnen!

Sie spricht gerne über Sie und mag Sie sehr.

Ich wünschte, ich könnte bei Ihnen sitzen. Die Kinder würden um uns herumspielen. Wenn sie zu laut wären, würde ich sie mit einem gruseligen Märchen beruhigen.

Die Sonne geht schön unter. Der Sturm ist vorbei. Aber ich muss zurück in meine viel zu kleine Wohnung. Auf Wiedersehen!
Ist Albert bei Ihnen? Wie geht es ihm? Gott verzeihe mir diese Frage!

Am 8. Februar

Das Wetter ist seit acht Tagen sehr schlecht. Aber mir tut es gut.

Ich hatte hier noch keinen schönen Tag. Jemand hat ihn immer verdorben. Wenn es draußen schlecht ist, denke ich, zu Hause ist es auch nicht besser. Wenn die Sonne scheint, denke ich, die Menschen ruinieren sich gegenseitig den Tag. Sie nehmen sich Gesundheit, Erholung und Freude weg. Oft aus Dummheit und mit guten Absichten. Manchmal möchte ich sie auf Knien bitten damit aufzuhören. Sie tun sich gegenseitig weh.

Am 17. Februar

Ich glaube, der Gesandte und ich kommen nicht mehr lange miteinander aus. Er ist unerträglich. Seine Arbeitsweise ist so komisch. Ich widerspreche ihm oft. Ich mache Dinge auf meine Weise. Das gefällt ihm nicht. Deswegen hat er sich über mich beim Minister beschwert. Der hat mich danach leicht kritisiert. Ich wollte fast kündigen. Dann bekam ich einen persönlichen Brief von ihm. Vor diesem Brief habe ich mich niedergekniet und seinen Inhalt bewundert.

Der Minister sagt mir, ich bin zu empfindlich. Er sagt, meine Ideen sind zu groß. Er findet sie gut, aber zu stark. Ich soll damit nicht aufhören. Ich soll nur weniger machen. Und sie auf ein Ziel richten. Er will meine Ideen richtig wirken lassen. Ich fühle jetzt Energie für acht Tage. Ich bin mit mir selbst im Reinen. Seelenruhe ist schön. Sich selbst mögen ist schön. Aber es ist leicht kaputt zu machen.

Am 20. Februar

Gott soll euch segnen, meine Lieben. Er soll euch gute Tage geben. Mir nimmt er diese Tage weg.

Ich danke dir, Albert. Du hast mich getäuscht. Ich habe auf Nachricht gewartet. Ich wollte wissen, wann ihr heiratet. Ich wollte Lottes Bild dann entfernen. Jetzt seid ihr verheiratet und ihr Bild ist noch da. Es soll bleiben. Warum nicht? Ich bin ja bei euch im Herzen. Ich habe den zweiten Platz in Lottes Herz. Ich will ihn behalten. Wenn sie mich vergisst, werde ich verrückt, Albert. Dieser Gedanke ist schlimm. Albert, leb wohl! Engel des Himmels, leb wohl! Lotte, leb wohl!

Den 15. März

Ich bin sehr verärgert. Das wird mich hier wegbringen. Ich bin so wütend! Teufel!

Er kann nicht ersetzt werden. Ihr seid schuld, weil ihr mich dazu gedrängt habt. Den Beruf hier wollte ich nicht. Ihr habt gesagt, ich soll ihn machen. Jetzt seht ihr das Ergebnis. Und sag nicht wieder, meine Ideen machen alles kaputt. Ich erzähle Dir jetzt eine Geschichte. Sie ist einfach und klar.

Der Graf von C. mag mich sehr. Das weißt du, ich habe es dir oft gesagt. Gestern war ich bei ihm zum Essen. An diesem Abend kamen viele vornehme Männer und Frauen zu ihm. Ich dachte, Untergeordnete wie wir gehören dazu. Also, ich aß beim Grafen. Nach dem Essen gingen wir im großen Saal hin und her. Ich sprach mit ihm und mit Oberst B.. Später kamen alle Gäste zusammen. Ich dachte an nichts Besonderes. Dann kam die besondere Dame von S. mit ihrem Mann und ihrer Tochter herein. Sie hatten besondere Nasen und Augen. Sehr vornehm. Ich mag diese Leute nicht. Ich wollte gerade gehen. Ich wartete nur darauf, dass der Graf frei wurde. Dann kam Fräulein B. herein.

Mir geht es immer gut, wenn ich sie sehe. Deshalb blieb ich stehen. Ich stand hinter ihrem Stuhl. Ich merkte, sie sprach anders mit mir. Sie war nicht so offen wie sonst. Sie schien unsicher. Das fiel mir auf. Ich dachte, ist sie auch so? So, wie die vornehmen Leute? Ich war ein bisschen verärgert. Ich wollte gehen. Aber ich blieb. Vielleicht dachte ich falsch über sie. Ich hoffte, sie sagt noch etwas Nettes.

Mehr Leute kamen dazu. Baron F. kam in alter, vornehmer Kleidung. Hofrat R. nannten alle Herr von R.. Er kam mit seiner schwerhörigen Frau. Auch J. kam. Er trug alte und neue Kleidung zugleich. Ich sprach mit Bekannten. Sie antworteten kurz.

Ich achtete nur auf meine B.. Ich sah nicht, was am anderen Ende des Raums passierte. Die Frauen tuschelten. Die Männer guckten in Richtung des Grafen. Frau von S. sprach alleine mit ihm. Das hat mir später Fräulein B. erzählt. Dann kam der Graf zu mir. Er zog mich zu einem Fenster.

„Sie wissen“, sagte er, „unsere Situation ist kompliziert.
Die Leute mögen Sie hier nicht.“

„Ich entschuldige mich tausendmal“, sagte ich zum Grafen. „Ich wollte schon früher gehen. Etwas hat mich aufgehalten.“ Ich lächelte und verbeugte mich. Der Graf drückte meine Hand. Er verstand mich ohne Worte. Ich verließ die feine Gesellschaft leise. Ich setzte mich in eine kleine Kutsche und fuhr weg. Ich wollte den Sonnenuntergang auf einem Hügel sehen. Dabei wollte ich in meinem Buch von Homer lesen. Das war schön.

Am Abend kam ich zurück zum Essen. Wenige Leute waren da. Einige spielten Würfelspiele. Dann kam Adelin herein. Er sah mich an und fragte leise: „Hattest du Ärger?“ „Ich?“, fragte ich. „Der Graf hat dich weggeschickt“, sagte er. „Das ist mir egal“, sagte ich. „Ich war froh draußen zu sein.“ Adelin sagte: „Sehr gut. Es stört dich nicht. Aber alle reden darüber.“ Das ärgerte mich. Ich dachte, alle, die hereinkamen und mich ansahen, redeten darüber. Das machte mich wütend.

Egal, wo ich jetzt hingehe: Alle bedauern mich. Meine Feinde freuen sich und sagen: „So etwas passiert zu stolzen und eingebildeten Menschen.“ Sie reden schlecht über mich. Das macht mich so wütend. Dieses Geschwätz bohrt mir ein Messer in die Brust. Es ist schwer, ruhig zu bleiben. Böse Menschen reden über mich. Sie sind dabei im Vorteil. Aber Schwätzer kann man leicht ignorieren.

Am 16. März

Ich fühle mich von Allem gehetzt. Heute sah ich Fräulein B. im Park. Ich musste sie ansprechen. Irgendwann waren wir alleine. Ich sagte ich ihr, ich wäre traurig über ihr Verhalten neulich. „O Werther“, sagte sie sanft, „Wie konnten Sie das falsch verstehen? Sie kennen mich doch. Ich habe so viel wegen Ihnen gelitten, seit ich den Raum betrat!“ Sie wollte es mir hundertmal sagen. Sie wusste, die Frauen von S. und T.

würden mit ihren Männern gehen. In meiner Nähe bleiben wollten sie nicht. Der Graf wollte keinen Ärger mit ihnen. Und jetzt dieser Lärm! „Wie meinen Sie das, Fräulein?", fragte ich und versteckte meine Angst. Denn alles, was Adelin mir vorgestern gesagt hatte, kam mir in diesem Moment wieder in den Sinn.

„Das hat mich schon viel gekostet!", sagte sie und weinte. Ich wollte fast vor ihr knien. „Erzählen Sie mir!", rief ich. Sie weinte mehr. Ich war sehr aufgeregt. Sie wischte ihre Tränen weg. „Sie kennen meine Tante", begann sie, „sie war dabei und hat es beobachtet. Mit bösen Augen. Werther, ich musste gestern Nacht und heute Morgen Kritik über meinen Kontakt mit Ihnen ertragen. Ich musste zuhören, wie man Sie schlecht gemacht hat. Ich konnte Sie nur ein wenig verteidigen." Jedes Wort von ihr tat mir sehr weh. Sie hätte mir das alles besser nicht gesagt. Dann sagte sie noch, wie andere Leute darüber sprechen. Wie sie sich über meine Strafe freuen, weil ich andere nicht beachtet habe. Das alles von ihr zu hören hat mich schwer verletzt. Ich bin immer noch sehr wütend. Ich wünschte, jemand würde mir das persönlich vorwerfen. Dann könnte ich ihn mit meinem Schwert verletzen. Wenn ich Blut sehen würde, würde es mir besser gehen.

Es gibt Pferde, die sich selbst beißen, wenn sie aufgeregt sind. Sie tun das, um besser atmen zu können. Mir geht es auch oft so. Ich möchte mir eine Ader aufschneiden. Dann wäre ich frei.

Am 24. März

Ich habe um meine Entlassung gebeten. Ich hoffe, ich bekomme sie. Ihr werdet mir verzeihen. Ich habe euch nicht um Erlaubnis gefragt. Ich musste weg vom Hof. Ich weiß, ihr wollt mich hierbehalten. Aber ich kann nicht bleiben. Sagt das meiner Mutter sanft. Ich kann mir nicht helfen und ihr auch nicht. Es wird ihr weh tun. Sie dachte,

ich werde ein wichtiger Politiker oder Botschafter. Aber ich muss aufhören und zurückgehen. Denkt, was ihr wollt. Überlegt Gründe für mich zu bleiben. Aber ich gehe. Damit ihr wisst, wohin ich gehe:
Der Fürst ** mag meine Gesellschaft. Er hat mich eingeladen, ihn zu seinen Orten zu begleiten. Wir wollen dort den Frühling verbringen.
Er hat mir Freiheit versprochen. Wir verstehen uns schon ganz gut.
Also probiere ich es und gehe mit ihm.

(Zu Deiner Information)

Am 19. April

Danke für deine zwei Briefe. Ich habe nicht geantwortet.
Ich wollte bis zu meiner Abreise warten. Ich hatte Angst, meine Mutter könnte Probleme machen. Jetzt habe ich die Erlaubnis zu gehen.
Es war schwer, diese Erlaubnis zu bekommen. Der Minister hat mir etwas Nettes geschrieben. Ich sage nicht, was. Ihr würdet wieder traurig werden.
Der Erbprinz hat mir zum Abschied 25 Goldmünzen geschickt.
Er hat etwas Liebes dazu gesagt. Das hat mich sehr berührt.
Jetzt brauche ich meine Mutter nicht mehr um Geld bitten.

Am 5. Mai

Morgen verlasse ich diesen Ort. Mein Geburtsort ist nicht weit weg.
Ich will ihn besuchen. Ich will mich an die alten, guten Zeiten erinnern.
Ich will durch das gleiche Tor gehen, durch das ich mit meiner Mutter gefahren bin. Das war, als mein Vater gestorben ist. Meine Mutter wollte dann in die große Stadt ziehen. Lebewohl, Wilhelm. Du wirst von meiner Reise hören.

Am 9. Mai

Ich bin zu meinem Geburtsort gereist wie ein Pilger. Ich habe viele neue Gefühle gespürt. Kurz vor der Stadt gibt es eine große Linde. Dort bin ich ausgestiegen. Ich habe den Kutscher weiterfahren lassen. Ich wollte zu Fuß gehen und alles noch einmal erleben.

Ich stand unter einem Baum. Als Kind war dieser Baum das Ziel meiner Spaziergänge. Jetzt ist alles anders. Früher wollte ich die Welt entdecken. Alles war neu und unbekannt für mich. Ich dachte, ich finde dort Glück und Freude. Jetzt kenne ich die Welt. Sie hat mich enttäuscht. Als Kind sah ich die Berge. Sie waren weit weg. Ich konnte sitzen und träumen. Ich stellte mir vor, wie es in den Wäldern und Tälern ist. Wenn ich nach Hause musste, tat ich das ungern. Ich kam jetzt meiner Heimatstadt näher. Ich grüßte alte Gartenhäuser. Neue Häuser und Veränderungen mochte ich nicht. Ich ging durch das Stadttor und fühlte mich wieder zu Hause. Ich will nicht über jedes Detail sprechen. Es war schön für mich. Ich wollte am Marktplatz wohnen. Neben unserem alten Haus. Unsere alte Schule war jetzt ein Geschäft.

Ich erinnere mich an die Unruhe und die Tränen. Ich weiß noch, wie taub ich mich damals fühlte. Mein Herz war ängstlich. Die Schule war wie ein dunkles Loch für mich. Jeder Schritt war jetzt besonders für mich. Ich fühlte mehr als ein Pilger im Heiligen Land. Seine Seele ist nicht so voll von heiligen Erinnerungen. Noch eine Sache: Ich ging an einem Fluss entlang zu einem Hof. Das war mein üblicher Weg. Dort sprangen wir Jungen oft und ließen Steine über das Wasser hüpfen. Manchmal stand ich da und schaute dem Wasser nach. Ich stellte mir vor wohin es fließt. Ich dachte an ferne Orte. Aber meine Vorstellung hatte Grenzen. Ich verfolgte den Fluss, bis ich nur noch in die Ferne schaute.

Siehst du, mein Freund, so einfach und glücklich waren die Menschen früher. Ihre Gefühle und ihre Geschichten waren wie die von Kindern. Odysseus spricht vom großen Meer und von der endlosen Erde. Das fühlt sich echt an. Es ist menschlich und geheimnisvoll. Was bringt es mir zu wissen, dass die Erde rund ist? Ein Mensch braucht nicht viel Platz zum Leben. Noch weniger zum Sterben. Jetzt bin ich hier in einem Jagdschloss. Es ist schön hier mit dem Fürsten zu leben. Er ist ehrlich und einfach.

Um ihn herum sind seltsame Menschen. Ich verstehe sie nicht. Sie wirken nicht böse, aber auch nicht wie gute Menschen. Manchmal denke ich, sie sind ehrlich. Aber ich kann ihnen nicht vertrauen. Der Fürst spricht viel über Dinge, die er nur gehört oder gelesen hat. Er sieht die Dinge so, wie andere sie ihm beschreiben. Er findet meinen Verstand und meine Fähigkeiten gut. Aber mein Herz ist mir wichtiger. Mein Herz gehört nur mir.

Am 25. Mai

Ich hatte einen Plan. Ich wollte euch nichts davon erzählen. Er sollte erst fertig sein. Jetzt ist es egal. Denn es wird nichts daraus. Ich wollte in den Krieg gehen. Das war mir wichtig. Deshalb bin ich dem Fürsten gefolgt. Er ist ein General. Bei einem Spaziergang habe ich ihm von meinem Plan erzählt. Er hat mir davon abgeraten. Ich hätte auf ihn hören sollen. Aber es war nur eine Laune von mir.

Am 11. Juni

Ich kann hier nicht länger bleiben. Was soll ich hier machen? Die Zeit verläuft so langsam. Der Fürst ist nett zu mir. Aber ich fühle mich hier nicht wohl. Wir haben nichts gemeinsam. Er ist nicht beeindruckend schlau. Seine Gesellschaft ist nicht interessanter als ein gutes Buch.

Ich bleibe noch acht Tage. Dann reise ich wieder umher. Das Beste hier ist mein Zeichnen. Der Fürst mag Kunst. Aber die Wissenschaft hält ihn zurück. Manchmal ärgere ich mich. Ich zeige ihm Kunst und Natur. Er denkt, er macht es gut und einfach. Aber dann benutzt er ein kompliziertes Wort.

Am 16. Juni

Ich bin nur ein Reisender auf der Erde. Seid ihr mehr?

Am 16. Juni

Wohin ich will? Ich verrate Dir ein Geheimnis. Ich muss noch vierzehn Tage hierbleiben. Dann will ich Bergwerke besuchen. Das ist aber nicht der wahre Grund. Ich will nur näher bei Lotte sein. Das ist alles.
Ich lache über mein Herz. Aber ich tue, was es will.

Am 29. Juli

Es ist alles gut! Ich - ihr Mann! Oh Gott, wenn du mir das Glück gegeben hättest. Mein Leben wäre ein langes Gebet. Ich will nicht streiten. Entschuldige meine Tränen und Wünsche! Sie meine Frau! Wenn ich sie umarmen könnte. Wilhelm, ich muss zittern, wenn Albert sie umarmt.

Und darf ich das sagen? Warum nicht, Wilhelm?

Sie wäre glücklicher mit mir als mit ihm. Er kann nicht alle ihre Wünsche erfüllen. Er fühlt nicht genug. Er fühlt nicht das Gleiche wie ich bei einem Buch. Oder wenn wir über jemand anderen reden. Lieber Wilhelm, er liebt sie sehr. Und so eine Liebe ist viel wert.

Jemand hat mich gestört. Meine Tränen sind weg. Ich bin abgelenkt. Lebewohl, Lieber!

Am 4. August

Nicht nur mir geht es schlecht. Alle Menschen werden enttäuscht. Ich ging zu der Frau unter dem Baum. Ihr ältester Junge kam zu mir. Sein Rufen holte die Mutter. Sie sah traurig aus. Sie sagte: „Guter Herr, mein kleiner Hans ist tot.“ Ihr jüngster Junge war gestorben. Ich sagte nichts. „Und mein Mann“, sagte sie, „kam aus der Schweiz zurück ohne Geld. Er musste betteln, weil er krank wurde.“ Ich konnte nichts sagen und gab dem anderen Kind etwas Geld. Sie gab mir Äpfel. Ich nahm sie und ging weg von diesem traurigen Ort.

Am 21. August

Plötzlich fühle ich mich anders.

Manchmal fühle ich mich kurz glücklich. Wenn ich träume, denke ich: Was wäre, wenn Albert stirbt? Würdest du dann...? Ich denke weiter, bis ich Angst bekomme.

Wenn ich das Tor verlasse, erinnere ich mich. Ich holte Lotte zum Tanzen. Das war anders. Alles ist vorbei. Ich fühle mich wie ein Geist, der sein zerstörtes Schloss sieht. Er hatte es als Fürst schön gebaut und seinem Sohn gegeben.

Am 3. September

Ich verstehe nicht, wie jemand anderes sie lieben kann. Ich liebe sie so sehr. Ich kenne nur sie.

Am 4. September

Ja, es ist Herbst in mir. Meine Blätter werden gelb. Die Blätter anderer Bäume sind schon gefallen. Erinnerst du dich an den Bauernjungen?

Ich habe nach ihm gefragt. Er hat seine Arbeit verloren. Niemand will mehr etwas von ihm wissen.

Gestern sah ich ihn zufällig. Wir waren auf dem Weg zu einem anderen Dorf. Ich sprach mit ihm. Er erzählte mir seine Geschichte. Sie hat mich sehr berührt. Du wirst das verstehen, wenn ich sie dir erzähle. Aber warum erzähle ich das alles? Warum behalte ich nicht für mich, was mich ängstigt und kränkt? Warum mache ich dich auch traurig? Warum lasse ich dich mich bedauern und ausschimpfen? Vielleicht gehört das zu meinem Schicksal.

Der Mann antwortete mir zuerst mit leiser Traurigkeit. Er schien ein bisschen scheu zu sein. Aber dann wurde er offener. Es war, als würde er sich in mir erkennen. Er gestand mir seine Fehler. Er sprach über sein Unglück. Ich wünschte, ich könnte dir jedes seiner Worte genau sagen. Er empfand jeden Tag mehr für eine Frau. Am Ende wusste er nicht mehr, wie er es ausdrücken sollte oder was er denken sollte.

Er konnte nicht essen, trinken oder schlafen. Er fühlte sich sehr schlecht. Er hat etwas gemacht, was er nicht machen sollte. Seine anderen Aufgaben hatte er vergessen. Er fühlte sich, als würde ein böser Geist ihn verfolgen. Eines Tages ist er der Frau gefolgt. Er wollte, dass sie ihn hört. Als sie nicht gehorchte, wollte er sie mit Gewalt nehmen. Er sagt, er weiß nicht, was passiert ist. Er schwört bei Gott, dass er gute Absichten hatte. Er wollte sie doch heiraten und mit ihr leben.

Er hat eine Weile geredet und dann aufgehört. Er wollte noch etwas zu sagen. Aber er traute sich nicht. Dann hat er mir schüchtern erzählt, was die Frau ihm vorher erlaubt hat. Er wollte sie aber nicht schlecht machen. Er sagt, er liebt und schätzt sie wie vorher. Er will mir etwas erklären. Er sei doch kein schlechter Mensch.

Und hier beginne ich wieder von vorne. Ich wünschte, ich könnte dir zeigen, was er für ein Mensch ist. Wie er vor mir stand und immer noch vor mir steht.

Ich möchte dir sagen, wie sehr ich mich für sein Schicksal interessiere. Aber du kennst auch mein Leben. Du weißt, warum ich mich um Unglückliche kümmere. Besonders um diesen Unglücklichen.

Ich habe das Ende der Geschichte zu erzählen vergessen. Man kann es sich aber denken. Sie wollte ihn nicht. Ihr Bruder kam dazu. Der Bruder mochte ihn nicht und wollte ihn aus dem Haus haben. Der Bruder hatte Angst um das Erbe. Wenn sie wieder heiratet, kriegen seine Kinder nichts von ihr. Der Bruder hat ihn aus dem Haus geworfen. Er hat viel Lärm gemacht. Die Frau konnte ihn nicht zurücknehmen. Jetzt hat sie einen anderen Mann. Der Bruder macht wieder Ärger. Man sagt, sie wird ihn heiraten. Aber der Bruder will das nicht erleben.

Was ich dir erzähle, ist wahr. Ich habe es nicht mit zu viel Gefühl erzählt. Ich habe es sogar einfacher gemacht, als es ist.

Diese Liebe und Leidenschaft ist echt. Sie ist nicht erfunden.

Echte Liebe lebt oft bei einfachen Leuten. Wer viel weiß, versteht oft nichts. Lies die Geschichte bitte gut durch. Ich bin heute ruhig, wenn ich das schreibe. Du siehst, meine Hand zittert nicht. Lies und denk daran, es ist auch deine Geschichte. Mir ist es so ergangen. Es wird mir so gehen. Ich bin nicht so gut und stark wie der arme Mann.

Am 5. September

Lotte schrieb einen kleinen Brief an ihren Mann auf dem Land. Er war wegen Arbeit dort. Der Brief begann mit: ‚Mein Bester, komm

bald, ich freue mich sehr.‘ Ein Freund kam und sagte, der Mann kommt noch nicht zurück. Der Brief lag da und abends sah ich ihn. Ich las ihn und lächelte. Sie fragte, warum ich lächelte. Ich sagte: „Fantasie ist etwas Wunderbares. Für einen Moment dachte ich, der Brief ist für mich.“
Sie hörte auf zu reden. Sie mochte das nicht. Ich sagte dann nichts mehr.

Am 6. September:

Es war schwer für mich, meinen blauen Anzug wegzulegen.
In dem Anzug habe ich das erste Mal mit Lotte getanzt.
Aber der Anzug sah nicht mehr gut aus.
Ich habe mir wieder einen Anzug machen lassen. Er sieht aus wie der alte. Er hat einen Kragen und Aufschläge. Dazu habe ich eine gelbe Weste und Hosen. Aber es fühlt sich nicht gleich an.
Ich denke, ich werde ihn mit der Zeit auch mögen.

Am 12. September

Lotte war ein paar Tage weg. Sie wollte Albert abholen. Heute ging ich in ihr Zimmer. Sie kam plötzlich auf mich zu. Ich küsste ihre Hand und war sehr glücklich.

Ein Kanarienvogel flog von einem Spiegel auf ihre Schulter.
„Das ist ein neuer Freund“, sagte sie. Sie lockte ihn auf ihre Hand.
„Er ist für meine Kinder. Er ist sehr süß. Schauen Sie! Wenn ich ihm Brot gebe, flattert er und pickt nett. Er küsst mich auch, sehen Sie!“

Sie hielt dem Vogel ihren Mund hin. Der Vogel drückte seinen Schnabel sanft auf ihre Lippen. Als ob er das Glück spüren könnte.

„Er soll Sie auch küssen“, sagte sie und gab mir den Vogel.
Der Vogel pickte von ihrem Mund zu meinem. Ich genoss es sehr.
Ich dachte an ihre Lippen.

„Sein Kuss ist nicht nur Liebe“, sagte ich. „Er sucht Essen und findet es nicht bei einem Kuss.“

„Er isst auch aus meinem Mund“, sagte sie. Sie gab ihm Brotkrumen mit ihren Lippen. Dabei lächelte sie glücklich.

Ich drehte mein Gesicht weg.

Sie sollte mich nicht mit diesen Bildern von Unschuld und Glück reizen. Sie sollte meine tiefen Gefühle für sie nicht wecken. Aber warum sollte sie das nicht tun? Sie vertraut mir. Sie weiß, dass ich sie liebe.

Am 15. September

Man könnte verrückt werden, Wilhelm. Es gibt Menschen, die fühlen nichts. Sie schätzen nicht, was auf der Welt noch schön ist. Du kennst die Nussbäume beim Pfarrer in St... Ich saß dort mit Lotte unter den Bäumen. Diese Bäume haben mich immer sehr glücklich gemacht. Sie machten den Hof gemütlich und kühl. Die Äste waren auch toll. Ich denke an den Pfarrer, der sie vor langer Zeit gepflanzt hat. Der Lehrer hat uns oft seinen Namen genannt. Er hat ihn von seinem Großvater. Der Mann war sehr wertvoll. Alle haben unter den Bäumen gut von ihm gesprochen. Der Lehrer hatte jetzt Tränen in den Augen. Die Bäume sind gefällt worden. Gefällt! Ich könnte verrückt werden. Ich könnte den Mann töten, der den ersten Schlag gemacht hat. Ich könnte traurig sein, wenn Bäume in meinem Hof sterben würden. Aber ich muss zusehen, wie die Bäume gefällt werden. Lieber Schatz, dabei denke ich: Menschen sollten Gefühle haben!

Alle im Dorf sind unzufrieden. Die Frau vom neuen Pfarrer hat einen Fehler gemacht. Sie hat dem Dorf wehgetan. Sie ist die neue Pfarrerin. Unser alter Pfarrer ist gestorben. Die neue Pfarrerin ist dünn und oft krank. Sie hat keinen Spaß an der Welt. Und niemand hat Spaß mit ihr.

Sie will schlau sein. Sie mischt sich in Kirchen-Dinge ein. Sie arbeitet an neuen Ideen für die Kirche. Sie mag die neuen Ideen von dem Gelehrten Lavater nicht. Sie ist oft krank. Deshalb ist sie nicht glücklich auf der Welt. Sie hat meine Nussbäume gefällt.
Stell dir das vor: Die Blätter der Bäume machen ihren Hof schmutzig. Die Bäume nehmen ihr das Licht weg. Wenn die Nüsse reif sind, werfen Jungen Steine darauf. Das stört sie sehr. Sie denkt dann nicht mehr richtig nach. Die Leute im Dorf, besonders die älteren, sind sehr unzufrieden. Ich habe sie gefragt: „Warum habt ihr das zugelassen?"
Sie sagten: „Wenn der Bürgermeister das will, was können wir tun?"
Der Bürgermeister und der Pfarrer wollten etwas teilen.
Aber die Kammer mischte sich ein. Sie hatte alte Ansprüche an einem Teil des Pfarrhofes. Dort standen Bäume. Die Kammer verkaufte die Bäume an den Meistbietenden. Ich wünschte, ich wäre ein Fürst.
Dann würden mich die Bäume nicht kümmern.

Am 10. Oktober

Wenn ich ihre schwarzen Augen sehe, fühle ich mich gut.
Aber Albert scheint nicht so glücklich. Das stört mich.
Er hatte mehr erwartet. als er—hoffte—als ich—zu sein glaubte—wenn—ich mache nicht gern Gedankenstriche. Aber manchmal kann ich mich nur so ausdrücken.

Am 10. Oktober

Ossian hat meinen Humor verdrängt. Er zeigt mir eine andere Welt.
Ich wandere über die Heide im Sturm. Ich spüre den Wind.
Ich spüre die Geister der Vorfahren im Nebel und Mondlicht.
Ich höre Geisterstimmen vom Gebirge und das Weinen eines traurigen Mädchens. Sie weint um ihren geliebten verstorbenen Mann.
Wenn ich ihn finde, den grauen Sänger, der in der Heide geht.
Er sucht die Spuren seiner Vorfahren. Aber er findet nur ihre Gräber.

Dann schaut er traurig zum Abendstern. Der Stern verschwindet im Meer. Der Held denkt an alte Zeiten. Damals leuchtete das Licht für die Mutigen. Der Mond schien auf ihr Schiff. Ich sehe die Traurigkeit auf seiner Stirn. Er ist der letzte seiner Art und sehr müde. Er denkt an die Freuden mit den Toten. Er schaut auf die Erde und das hohe Gras. Er ruft: „Eines Tages wird jemand kommen. Jemand, der mich früher kannte. Er wird fragen: ‚Wo ist der Sänger, der Sohn von Fingal?'
Er wird auf meinem Grab stehen und mich nicht finden."
Freund, ich möchte ihm schnell helfen. Ich möchte sein Leid schnell beenden. Ich möchte meine Seele zu ihm schicken.

Am 19. Oktober

Ach, dieses tiefe Loch in mir! Es ist so schrecklich. Ich denke oft, wenn du mich nur einmal fest drücken könntest. Dann würde dieses Loch gefüllt sein.

Am 19. Oktober

Ja, ich bin sicher, lieber Freund: Es hat keine Bedeutung, ob ein Wesen lebt. Es ist wirklich nicht wichtig. Eine Freundin kam zu Lotte.
Ich ging in ein anderes Zimmer, um ein Buch zu holen. Ich konnte aber nicht lesen. Dann nahm ich einen Stift zum Schreiben. Ich hörte die beiden leise sprechen. Sie sprachen über alltägliche Dinge und Neuigkeiten aus der Stadt. Sie sagten, wer heiratet und wer sehr krank ist. „Sie hat Husten und ist sehr dünn", sagte eine. „Sie fällt oft in Ohnmacht. Ich glaube, sie lebt nicht mehr lang" sagte sie.
„Und N. N. geht es auch schlecht", sagte Lotte. „Sein Körper ist schon geschwollen", sagte die andere. Ich stellte mir vor, wie diese kranken Menschen sich vom Leben abwenden. Wilhelm, und meine Frauen sprachen über Sterbende, als wäre es jemand Fremdes. Ich schaue mich um und sehe das Zimmer. Ich sehe Lottes Kleider und Alberts Papiere. Ich sehe die Möbel, die mir nun vertraut sind, sogar das Tintenfass.

Ich denke dann: Was bedeutest du für dieses Haus? Du bist alles für sie. Deine Freunde schätzen dich! Du machst sie oft glücklich.
Ich fühle mich, als könnte ich ohne sie nicht sein. Aber was wäre, wenn ich jetzt gehen würde? Wenn ich diesen Kreis verlassen würde? Wie lange würden sie die Lücke spüren, die mein Weggehen hinterlässt? Wie lange?

Menschen sind vergänglich. Selbst Menschen, die uns lieben, vergessen uns. Das kann schnell passieren.

Am 27. Oktober

Manchmal möchte ich mir selbst Schmerz zufügen. Warum bedeute ich Lotte so wenig?! Liebe und Freude, die ich nicht geben kann, bekomme ich auch nicht zurück. All meine Liebe will sie nicht annehmen. Ich habe viel. Aber ohne sie ist alles wertlos.

Am 27. Oktober abends

Ich wollte ihr schon oft um den Hals fallen! Gott weiß, wie schwer es ist, Liebe zu spüren und nichts tun zu dürfen. Kinder greifen doch auch nach allem, was sie wollen. Und ich?

Am 30. Oktober

Oft gehe ich ins Bett und hoffe, nicht mehr aufzuwachen.
Aber morgens wache ich auf, sehe die Sonne und fühle mich schlecht.

Am liebsten würde ich meine schlechte Laune auf das Wetter schieben. Oder auf jemand anderen. Oder auf etwas, das schiefgegangen ist. Dann würde ich mich nicht so schlecht fühlen. Aber ich weiß, es ist meine eigene Schuld. Es ist nicht richtig, Schuld zu sagen. Aber eines ist sicher: Ich bin das Problem. Früher war ich glücklich. Überall war es schön. Ich hatte ein Herz voll Liebe. Aber jetzt fühle ich nichts mehr. Ich weine nicht mehr. Ich habe Schmerzen. Denn ich habe meine Freude verloren. Diese Freude hat mir geholfen, schöne Dinge zu sehen. Jetzt ist sie weg.

Wenn ich aus meinem Fenster schaue, sehe ich Hügel und Sonne. Ich sehe Nebel und Wiesen. Ich sehe einen Fluss. Aber es fühlt sich an wie ein Bild. Es macht mich nicht glücklich. Mein Herz fühlt sich leer an. Als ob ich ein Brunnen ohne Wasser wäre. Oder ein kaputter Eimer.

Ich habe oft auf dem Boden gelegen und Gott um Tränen gebeten. Wie ein Bauer, der um Regen bittet. Der Himmel war hart und die Erde sehr trocken.

Aber ich weiß, Gott gibt Regen und Sonne nicht, nur weil wir es sehr wollen. Die Zeiten waren früher so gut. Warum? Weil ich geduldig auf Gottes Geist gewartet habe. Und ich habe seine Freude dankbar angenommen.

Am 8. November

Lotte hat mir gesagt, ich trinke zu viel. Sie sagte es sehr nett. Ich trinke manchmal zu viel Wein. „Machen Sie das nicht!“, sagte sie. „Denken Sie an mich!“ „Denken?“, sagte ich. „Ich denke immer an Sie.“ Heute saß ich da, wo Sie neulich aus der Kutsche stiegen. Sie hat schnell über etwas anderes geredet. Sie will nicht, dass ich traurig werde. Ich kann nichts machen. Sie kann mit mir machen, was sie will.

Am 15. November

Danke, Wilhelm, für deine Anteilnahme und deinen Rat. Aber bleib ruhig. Ich kann das aushalten. Ich habe noch genug Kraft. Du weißt, ich finde Religion wichtig. Sie hilft vielen Menschen, die müde oder durstig sind. Aber muss sie jedem Menschen helfen?

Wenn du die Welt anschaust, siehst du viele Menschen. Für viele ist die Religion nicht wichtig. Für viele wird sie nie wichtig sein.
Ob jemand darüber spricht oder nicht. Muss sie mir dann wichtig sein? Sagte nicht Jesus, nur bestimmte Menschen gehören zu ihm? Was ist, wenn ich nicht dazugehöre? Was ist, wenn Gott mich für sich behalten will? Das sagt mein Herz. Bitte verstehe mich nicht falsch. Ich mache keinen Spaß. Ich zeige dir meine ganze Seele. Sonst würde ich lieber schweigen. Ich rede nicht gern über Dinge, die ich nicht kenne.
Was ist das Schicksal des Menschen? Sein Leben zu leben und seine Erfahrungen zu machen? Selbst Jesus hatte seinen schweren Moment. Warum soll ich dann so tun, als wäre alles leicht? Warum sollte ich mich schämen, Angst zu haben? Wenn ich nicht weiß, ob ich existieren werde oder nicht? Wenn die Vergangenheit schnell vorbei ist und die Zukunft dunkel aussieht? Wenn alles um mich herum und mit mir untergeht? Ist es dann nicht normal, dass ein Mensch in Angst ruft: „Mein Gott! Mein Gott! Warum hast du mich verlassen?“

Soll ich mich für meine Worte schämen? Soll ich Angst haben?
Der große Gott sieht alles.

Am 21. November

Lotte bereit Gift. Aber sie weiß es nicht. Es wird uns beide untergehen lassen. Aber ich schlürfe noch lustig den giftigen Becher aus.
Warum schaut sie mich manchmal so nett an? Warum ist sie so freundlich zu mir? Warum fühlt sie mit mir, wenn es mir schlecht geht? Gestern gab sie mir die Hand und sagte: „Lebewohl, lieber Werther!“ Das hat mich sehr berührt. Ich habe es immer wieder gesagt.
Gestern Abend musste ich deshalb über mich selbst lachen.

Am 22. November

Ich kann nicht beten, dass sie meine wird. Sie gehört einem anderen. Ich mache Witze über meinen Schmerz. Ich könnte auch viel sagen, was dagegen spricht.

Am 24. November

Sie versteht meinen Schmerz. Heute hat ihr Blick mich sehr getroffen. Ich habe sie alleine getroffen. Ich habe nichts gesagt und sie hat mich angeschaut.

Ich sah sie nicht mehr als schön an. Ihr kluger Geist leuchtete nicht mehr für mich. Ein anderer Blick von ihr traf mich. Er war voller Gefühl und Mitgefühl. Warum konnte ich mich nicht vor sie knien? Warum konnte ich nicht ihren Hals küssen? Sie ging zum Klavier. Sie spielte leise und sang dazu. Ihre Lippen sahen so schön aus. Es sah aus, als wollten sie die Musik trinken. Die Musik kam aus dem Klavier. Sie kam aus ihrem Mund zurück. Wenn ich das nur so erklären könnte! Ich konnte nicht widerstehen. Ich beugte mich vor und schwor: Ich werde nie versuchen, dich zu küssen. Deine Lippen sind zu heilig. Aber ich will es doch. Siehst du, das macht mich so durcheinander. Dieses Gefühl von Glück und dann die Schuld dafür zu tragen. Schuld?

Am 26. November

Manchmal denke ich, mein Schicksal ist einzigartig. Alle anderen Menschen dagegen sind glücklich. Keiner hat so viel gelitten wie ich. Dann lese ich alte Gedichte. Es ist, als würden die Gedichte mich beschreiben. Ich leide so sehr! Haben andere Menschen auch so gelitten?

Am 30. November

Ich kann nicht bei mir selbst sein. Überall passiert etwas.
Etwas, was mich völlig verwirrt. Heute! Oh Schicksal! Oh Menschen!

Ich spazierte am Wasser entlang, es war Mittag und ich wollte nichts essen. Alles wirkte leer und kalt. Ein kalter Wind wehte vom Berg. Graue Wolken zogen ins Tal. Weit weg sah ich einen Mann in einem grünen, alten Mantel. Er kletterte zwischen Felsen und suchte anscheinend Kräuter. Ich kam näher und er hörte mich. Er drehte sich um. Sein Gesicht war sehr interessant. Es sah traurig aus, aber auch ehrlich und gut. Seine schwarzen Haare waren zu Rollen gedreht und zu einem Zopf geflochten. Er trug einfache Kleidung. Ich dachte, eine Frage würde er nicht schlimm finden.
Also fragte ich ihn, was er sucht.

„Ich suche Blumen“, sagte er mit einem tiefen Seufzer, „und finde keine.“

„Es ist auch nicht die richtige Zeit für Blumen“, sagte ich und lächelte.

„Es gibt so viele Blumen“, sagte er und kam zu mir herunter.
„In meinem Garten habe ich Rosen und andere Blumen.
Mein Vater hat sie mir gegeben. Sie wachsen überall. Ich suche schon zwei Tage danach und finde sie nicht.“

Draußen gibt es immer Blumen. Es gibt gelbe, blaue und rote Blumen. Das Tausendgüldenkraut hat auch schöne Blumen. Aber ich kann keine finden. Ich spürte etwas Seltsames. Deshalb fragte ich anders:
„Was macht er mit den Blumen?“ Er lächelte komisch und zuckte.
„Er will mich nicht verraten“, sagte er und hielt den Finger auf dem Mund. „Ich habe meiner Liebsten Blumen versprochen.“ „Das ist gut“, sagte ich. „Oh“, sagte er, „sie hat noch viel mehr. Sie ist reich.“ „Aber sie mag Deine Blumen“, sagte ich. „Oh“, sagte er weiter, „sie hat Schmuck

und eine Krone." „Wie heißt sie?", fragte ich. „Wenn mich die Könige und Kaiser bezahlen würden", sagte er, „wäre ich anders. Früher ging es mir gut. Jetzt ist es vorbei. Ich bin jetzt so." Er sah traurig zum Himmel. „Warst Du also glücklich?", fragte ich. „Ach, ich wünschte, es wäre wieder so!", sagte er. „Es war so schön, so fröhlich, so leicht wie für einen Fisch im Wasser." Eine alte Frau kam den Weg entlang. „Heinrich!", rief sie, „Heinrich, wo bist du? Wir haben dich überall gesucht. Komm essen." „Ist das Ihr Sohn?", fragte ich sie. „Ja, mein armer Sohn", sagte sie. „Gott hat mir eine schwere Last gegeben." „Wie lange ist er schon so?", fragte ich. „Er ist jetzt seit einem halben Jahr so ruhig", sagte sie.

„Früher war seine Seele sehr wild und krank. Er musste ein Jahr lang im Krankenhaus bleiben. Dort war er an Ketten gebunden. Jetzt ist er ruhiger. Aber er spricht oft von Königen und Kaisern. Er hat mir früher gut geholfen. Dann wurde er plötzlich sehr nachdenklich. Er bekam Fieber und wurde verrückt. Jetzt ist er anders, wie Sie sehen können." Die Frau wollte mir mehr erzählen. Ich fragte sie: „Welche Zeit meint er, in der er so glücklich war?" Sie sagte: „Er meint die Zeit, als er verrückt war. Da wusste er nichts von sich selbst." Das hat mich sehr getroffen. Ich gab der Frau Geld und ging schnell weg. Ich dachte: „Du warst glücklich, als du nichts verstanden hast." Ich fragte mich, ob Menschen nur glücklich sind, wenn sie nicht klar denken können. Ich beneidete den Mann ein bisschen. Er hatte Hoffnung und wollte Blumen für seine Königin pflücken. Es war Winter, also fand er keine Blumen.
Er war traurig und verstand nicht, warum er keine finden konnte.

Und was ist mit mir? Ich gehe hinaus ohne Hoffnung und ohne Plan. Ich komme zurück, wie ich gegangen bin. Du denkst, du wärst ein anderer Mensch, wenn du Geld von Königin und Kaisern bekommst. Du glaubst, dein Unglück kommt von Problemen des Alltags.
Aber du merkst nicht, dass dein Herz und dein Kopf das Problem sind. Kein König kann dir da helfen. Es ist traurig, wenn jemand über einen

Kranken lacht. Manche Kranke suchen an fremden Orten nach Heilung. Das macht ihre Krankheit schlimmer und ihr Leben schmerzhafter. Manche Herzen sind so voller Schmerz, dass sie auf eine lange Reise gehen. Sie hoffen, dass es ihnen besser geht, wenn sie an heiligen Orten beten. Jeder Schritt auf dem Weg kann ihnen ein bisschen helfen. Und mit jedem Tag der Reise fühlen sie sich leichter. Die Menschen, die zuhause bleiben, nennen das vielleicht Wahnsinn. Aber das ist es nicht! Gott, du siehst meine Tränen. Warum hast du Menschen geschaffen, die so wenig haben? Und dann gibt es noch andere Menschen, die ihnen das Wenige wegnehmen. Sie nehmen ihnen das Vertrauen in dich, Gott, der du alle liebst.

Wir vertrauen darauf, dass Pflanzen und Wein uns helfen können. Ist das nicht wie das Vertrauen in dich? Du gibst uns Heilung und Trost. Wir brauchen das jeden Tag. Gott, ich sehe Dich nicht! Früher warst du immer in meinem Herzen. Jetzt zeigst du mir dein Gesicht nicht mehr. Ruf mich zu dir! Sei nicht mehr still! Dein Schweigen hält meine Seele nicht auf. Ein Vater würde sich doch freuen, wenn sein Sohn zurückkommt. Der Sohn sagt: „Ich bin wieder da, Vater! Ich breche meine Reise ab. Sei deswegen nicht böse. Überall auf der Welt muss man arbeiten für Lohn und Freude. Aber das ist mir egal. Ich bin nur glücklich bei dir. Bei dir will ich Leid und Freude erleben."
Du, lieber Gott im Himmel, würdest du mich wegschicken?

Am 1. Dezember

Wilhelm! Der Mann, über den ich dir geschrieben habe, war unglücklich, aber auch glücklich. Er hat für Lottes Vater gearbeitet. Er hat sich in Lotte verliebt. Er hat seine Liebe versteckt und dann gezeigt. Deshalb musste er den Dienst verlassen. Das hat ihn verrückt gemacht. Ich bin sehr bewegt von dieser Geschichte. Albert hat sie mir ruhig erzählt. Du liest sie vielleicht auch ruhig.

Am 4. Dezember

Ich bitte dich – siehst du, ich kann nicht mehr! Ich halte es nicht aus!

Ich saß bei ihr. Sie spielte Klavier. Sie spielte viele schöne Lieder. Sie spielte mit viel Gefühl. Was möchtest du? Ihr kleines Schwesterchen spielte mit ihrer Puppe auf meinem Knie. Ich musste weinen. Ich beugte mich vor. Ihr Ehering berührte mein Gesicht. Ich weinte mehr. Plötzlich spielte sie ein altes, sehr schönes Lied. Das Lied machte mich traurig und tröstete mich zugleich. Es erinnerte mich an früher. Ich dachte an schlechte Zeiten und enttäuschte Hoffnungen. Ich lief im Zimmer hin und her. Mein Herz fühlte sich schwer an. „Bitte", rief ich zu ihr, „hör auf zu spielen!" Sie stoppte und sah mich an. „Werther", sagte sie lächelnd, „du bist sehr krank. Dein Lieblingsessen schmeckt dir nicht mehr. Geh bitte! Beruhige dich." Ich ging weg von ihr. Gott, du siehst, wie schlecht es mir geht.

Am 6. Dezember

Diese Person verfolgt mich immer. Im Wachen und im Träumen denke ich nur an sie. Wenn ich meine Augen schließe, sehe ich sie vor mir. Ihre dunklen Augen sind immer da. Ich kann es nicht gut erklären. Wenn ich meine Augen schließe, sind sie da. Sie sind wie ein Meer, wie ein tiefer Abgrund. Sie sind vor mir und in mir. Sie füllen meinen Kopf.

Was ist der Mensch? Ist er nicht schwach, wenn er seine Kraft am meisten braucht? Wenn er glücklich ist oder traurig, wenn sein Geist Unendlichkeit sucht, wird er dann nicht zurückgeholt?

Der Herausgeber an den Leser

Ich hätte gerne mehr eigene Aufzeichnungen von den letzten Tagen unseres Freundes. Dann müsste ich die Briefe nicht mit Erzählungen unterbrechen. Ich habe viele Informationen gesammelt. Die Geschichte ist einfach. Fast alle Erzählungen stimmen überein. Aber die Meinungen über die Personen sind verschieden.

Was können wir also tun? Nicht viel. Außer genau zu erzählen, was wir erfahren haben. Wir fügen die Briefe ein, die der Freund hinterlassen hat. Wir achten auch auf kleine Notizen. Denn es ist schwer, die wahren Gründe für Taten zu finden. Vor allem bei besonderen Menschen.

Werther wurde immer trauriger und unzufriedener. Seine Gedanken wurden immer seltsamer. Sein Geist war nicht mehr im Gleichgewicht. Er fühlte sich innerlich sehr unruhig. Das machte alles noch schlimmer. Am Ende fühlte er sich nur noch schwach. Er wollte aus dieser Schwäche heraus. Aber es war schwerer als vorher. Werther wurde immer trauriger und ungerechter zu anderen. Das sagen zumindest die Freunde von Albert. Sie meinen, Werther versteht nicht, wie man glücklich ist und bleibt. Sie sagen, er lebte jeden Tag nur nach seinen Gefühlen. Abends leidet er dann. Albert hat sich kaum verändert, sagen sie. Er ist noch der gleiche Mensch, den Werther am Anfang kannte und mochte. Albert liebt Lotte sehr. Er ist stolz auf sie. Er möchte, dass alle sie als wunderbaren Menschen sehen.

War es falsch von ihm, keinen Verdacht aufkommen zu lassen? Wollte er seinen Schatz nicht teilen? Auch nicht auf nette Art? Sie sagen ja, Albert ging oft weg, wenn Werther bei seiner Frau war. Aber nicht, weil er Werther nicht mochte. Albert wollte Werther nicht weh tun. Er wusste, wie sehr Werther leidet, wenn er dabei war.

Lottes Vater wurde krank und blieb im Zimmer. Er schickte ihr seine

Kutsche und sie fuhr zu ihm. Es war ein schöner Wintertag. Viel Schnee lag überall.

Werther ging am nächsten Morgen zu ihr. Er wollte sie begleiten, falls Albert sie nicht abholte.

Das schöne Wetter half Werther nicht. Er fühlte sich schwer und traurig. Er dachte nur an traurige Dinge.

Werther war unzufrieden mit sich. Er dachte, er hat die Beziehung zwischen Albert und seiner Frau gestört. Er fühlte sich schuldig und war heimlich wütend auf Albert.

Unterwegs dachte er wieder darüber nach.

„Ja, ja“, sagte er leise und war wütend, „das ist die bekannte Freundschaft. Sie ist ruhig und treu. Ist es nur Gewohnheit und Gleichgültigkeit? Mag er seine Arbeit mehr als seine wunderbare Frau? Schätzt er sein Glück? Achtet er Lotte, wie sie es verdient? Er hat sie, das ist klar. Ich weiß das und noch mehr. Ich versuche, daran zu denken. Aber es macht mich fast verrückt. Es könnte mich töten. Und was ist mit unserer Freundschaft? Denkt er, ich greife seine Rechte an, weil ich Lotte mag? Denkt er, ich kritisiere ihn heimlich? Ich spüre, er mag mich nicht. Er will, dass ich weggehe. Meine Anwesenheit stört ihn.“

Er ging schnell, dann hielt er an. Manchmal wollte er zurückgehen. Aber er ging immer weiter. Mit diesen Gedanken kam er fast ohne es zu wollen zum Jagdhaus.

Er kam an, fragte nach dem alten Mann und nach Lotte. Im Haus war etwas los. Ein Junge sagte ihm, in Wahlheim gab es ein Unglück. Ein Bauer wurde getötet! Das berührte ihn nicht weiter.

Er kam ins Zimmer und sah Lotte. Sie redete mit dem kranken Alten. Der Alte wollte trotz Krankheit nach Wahlheim gehen. Dort wollte er den Totschlag untersuchen. Man wusste nicht, wer es getan hatte. Am Morgen fand man einen toten Mann vor der Tür. Die Leute dachten nach. Der tote Mann arbeitete für eine Frau. Vorher hatte sie einen anderen Arbeiter. Dieser Arbeiter ging im Streit weg.

Als Werther das hörte, wurde er sehr aufgeregt. „Ist das möglich?“, rief er. „Ich muss dort hin. Ich kann nicht warten.“ Er ging schnell nach Wahlheim. Er erinnerte sich an vieles. Er dachte, ein bestimmter Mann hat es getan. Er kannte diesen Mann gut. Er hat ja öfters mit ihm geredet.

Er musste durch einen Weg mit Lindenbäumen gehen. Dort lag der tote Körper in einer Gaststätte. Der Ort, den er früher mochte, machte ihm jetzt Angst. Kinder hatten dort gespielt. Jetzt war dort Blut. Liebe und Treue wurden zu Gewalt und Mord. Die großen Bäume hatten keine Blätter mehr. Sie waren frostig. Die Hecken waren kahl. Die Grabsteine waren mit Schnee bedeckt.

Bei der Gaststätte standen viele Leute aus dem Dorf.
Plötzlich hörte man lautes Rufen.

Von weit weg sah man Männer mit Waffen. Alle riefen, man soll den Täter bringen. Werther schaute hin und erkannte bald den Mann. Es war der junge Knecht, der die Witwe sehr liebte. Werther hatte ihn schon mal traurig und verzweifelt gesehen.

„Was hast du getan, du Armer?“, rief Werther. Er ging zum Gefangenen. Der Gefangene schaute ruhig und sagte nichts. Dann sagte er ruhig: „Sie wird keinen Mann haben.“ Man nahm den Gefangenen mit in eine Gaststätte. Werther ging schnell weg.

Werther war sehr aufgewühlt. Seine Trauer und Gleichgültigkeit waren weg. Er wollte unbedingt den Mann retten. Er fühlte, der junge Knecht war so unglücklich und nicht schuldig. Werther dachte, er könnte andere davon überzeugen. Er wollte für den Mann sprechen. Er ging zum Jagdhaus. Unterwegs übte er schon, was er dem Amtmann sagen wollte.

Er kam ins Zimmer im Jagdhaus und sah Albert. Das machte ihn kurz traurig. Aber er fing sich schnell wieder. Er sprach mit dem Amtmann über den Knecht. Der Amtmann schüttelte oft den Kopf. Werther sagte alles, was man zu seiner Verteidigung sagen kann. Aber der Amtmann war nicht überzeugt. Er ließ Werther nicht ausreden. Er sagte, Werther sei im Unrecht. Er würde einen bösen Täter verteidigen. Der Amtmann sagte, das Gesetz und die Sicherheit des Landes wären in Gefahr. Er sagte auch, er bringt sich selbst in Schwierigkeiten. Alles müsse nach den Regeln geschehen.

Werther gab nicht auf. Er bat den Amtmann wegzusehen, wenn man dem Mann bei der Flucht hilft. Der Amtmann sagte nein. Albert sprach auch mit. Er war gegen Werther. Werther verlor den Streit. Er ging weg mit großem Schmerz. Der Amtmann hatte gesagt: „Nein, er kann nicht gerettet werden!"

Später wurde ein Zettel von Werther gefunden. Darauf stand: „Du kannst nicht gerettet werden, Armer! Wir beide können nicht gerettet werden!" Albert hat im Jagdhaus etwas gesagt. Werther mochte das nicht. Werther dachte, Albert sei gegen ihn. Aber Werther dachte zugleich noch etwas: Vielleicht hatten er und Albert beide recht. Trotzdem wollte Werther nicht zugeben, dass er sich irren könnte.

Ein Zettelchen sagt viel über Werthers Gefühle für Albert: „Es nützt nichts, wenn ich mir immer sage, er ist ein guter Mensch. Es tut mir sehr weh; ich kann nicht fair sein." Es war ein milder Abend und das Wetter wurde wärmer. Lotte und Albert gingen zu Fuß nach Hause. Lotte schaute sich um, als ob sie Werther vermisste. Albert sprach über Werther. Er kritisierte ihn, aber sagte auch Gutes über ihn. Er sprach über Werthers unglückliche Liebe und hoffte, dass Werther weggehen könnte.

„Ich wünsche es für uns beide," sagte er. „Und ich bitte dich," fuhr er fort, „ändere sein Verhalten dir gegenüber. Lass ihn weniger oft kommen. Die Leute merken es, und ich weiß, dass man schon darüber spricht." Lotte sagte nichts. Albert merkte ihr Schweigen. Seitdem sprach er nicht mehr über Werther, wenn sie zusammen waren. Wenn Lotte von Werther sprach, wechselte er das Thema.

Werther hat versucht, jemanden zu retten. Aber es hat nicht geklappt. Das war wie eine letzte helle Flamme, die dann ausging. Danach fühlte sich Werther noch trauriger und tat nichts mehr. Er hörte irgendwann, er solle Zeuge in der Sache sein. Das machte ihn völlig krank. Der Mensch, den er retten wollte, leugnete alles.

Alles Schlechte aus Werthers Leben kam wieder hoch. Die Probleme bei seiner Arbeit als Gesandter. Alles, was schiefgelaufen war. Alles, was ihn verletzt hatte. Er dachte an all diese Dinge.

Er fühlte sich, als dürfe er nichts tun. Er sah keine Möglichkeit, etwas zu beginnen. Er konnte im normalen Leben nicht mitmachen. So hatte er nur seine starken Gefühle und seine große Leidenschaft. Er war immer traurig und kam nicht voran.

Einige Briefe zeigen, wie durcheinander und leidenschaftlich er war. Sie zeigen auch, wie müde vom Leben er war. Diese Briefe wollen wir hier zeigen.

Am 12. Dezember

Lieber Wilhelm, ich fühle mich sehr schlecht. Als wäre etwas Böses in mir. Manchmal packt es mich. Es ist keine Angst und kein Wunsch. Es ist ein wildes Gefühl in mir. Es zerreißt mich fast. Es tut weh! Es tut weh! Dann laufe ich herum in der Nacht in dieser schlimmen Jahreszeit. Die Menschen mögen sie nicht.

Gestern Abend musste ich rausgehen. Es war plötzlich wärmer geworden. Ich hatte gehört, der Fluss ist über die Ufer getreten. Alle kleinen Flüsse waren voll. Mein schönes Tal bei Wahlheim war überschwemmt! Nachts um elf rannte ich hinaus.

Es war schrecklich zu sehen, wie das Wasser vom Berg im Mondlicht herunterkam. Es floss über Felder, Wiesen und Zäune. Das ganze Tal sah aus wie ein wildes Meer im Wind. Bei Mondlicht sah das Wasser sehr beeindruckend aus. Es machte mir Angst, aber ich wollte auch dorthin. Ich stand am Rand und atmete tief ein. Ich wollte meine Schmerzen hinunterwerfen. Ich wollte mit den Wellen fließen. Aber ich konnte meinen Fuß nicht heben, um mein Leben zu beenden. Ich spüre, meine Zeit ist noch nicht vorbei. Oh Wilhelm, ich hätte so gerne mit dem Wind die Wolken zerrissen und das Wasser gepackt! Vielleicht erlebt ein Gefangener das auch mal?

Ich sah traurig auf einen Ort. Dort hatte ich mit Lotte unter einem Baum geruht. Es war auch überschwemmt und ich erkannte den Baum kaum. Wilhelm, ich dachte an ihre Wiesen und das Gebiet um ihr Jagdhaus. Alles war vom Wasser zerstört. Als würde ein Sonnenstrahl aus der Vergangenheit zu einem Gefangenen kommen. Er träumt von Herden, Wiesen und edlen Aufgaben. Ich stand einfach da. Ich mache mir keine Vorwürfe. Denn ich habe den Mut zu sterben.

Ich sitze hier und fühle mich wie eine alte Frau, die um Essen bettelt.

Am 14. Dezember

Was ist das, mein Freund? Ich erschrecke vor mir selbst. Ist meine Liebe zu ihr nicht sehr gut und stark? Habe ich jemals etwas Schlechtes gewollt? Ich will nicht schwören. Und jetzt, Träume! Menschen sagen, Träume besitzen Kräfte. Diese Nacht! Ich zittere, wenn ich das sage. Ich hielt sie im Traum fest und küsste sie viel. Mein Auge war voll von ihrem Blick. Gott! Ist es falsch, dass ich mich immer noch freue, wenn ich daran denke? Lotte! Lotte! Es ist vorbei mit mir.
Ich bin verwirrt, seit acht Tagen kann ich nicht klar denken.
Meine Augen weinen. Ich fühle mich nirgends gut. Und dann wieder überall. Ich will nichts, ich brauche nichts. Es wäre besser, ich ginge.

Ich dachte mehr und mehr daran, die Welt zu verlassen.

Seit er wieder bei Lotte war, hoffte er immer darauf. Aber er wollte nicht zu schnell handeln. Er wollte sicher sein und ruhig entscheiden, bevor er etwas tut.

Er war unsicher. Er kämpfte einen inneren Kampf. Das zeigt ein kleines Papier. Es ist vielleicht ein Briefanfang an Wilhelm. Es hat kein Datum und wurde bei seinen Sachen gefunden.

Er schreibt: Deine Nähe und dein Schicksal berühren mich sehr. Sie bringen mich zum Weinen. Ich möchte wissen, was hinter dem Vorhang ist. Warum zögere ich? Weil ich nicht weiß, was dahinter ist? Weil man nicht zurückkommt? Unser Geist denkt, dort ist es dunkel und verwirrend.

Mit der Zeit fühlte er sich immer trauriger. Sein Entschluss wurde fest und endgültig. Ein Brief an seinen Freund zeigt das.

Am 20. Dezember

Ich danke dir, Wilhelm, für deine Liebe. Du hast recht: Es wäre besser für mich zu gehen. Auf deinen Vorschlag zurückzukommen mag ich nicht so sehr. Ich würde lieber einen Umweg nehmen. Wir haben Frost und gute Wege.

Ich freue mich sehr, dass du mich abholen willst. Warte noch zwei Wochen. Du bekommst noch einen Brief von mir. Wir sollten nichts zu früh machen. Zwei Wochen können viel ändern. Sage meiner Mutter, sie soll für ihren Sohn beten. Ich bitte sie um Verzeihung für den ganzen Kummer. Mein Schicksal sollte sie enttäuschen.
Dabei hätte ich sie glücklich machen müssen. Leb wohl, mein Teuerster! Der Himmel soll dich segnen! Leb wohl!

Was Lotte in dieser Zeit fühlte, können wir kaum in Worte fassen. Aber wir können uns vorstellen, was in ihr vorging. Werther sollte gehen. Sie zögerte nur, weil sie wusste, wie schwer es für ihn sein würde. In dieser Zeit musste sie entschlossener sein. Ihr Mann sprach nicht über die Situation, genauso wie sie. Deshalb wollte sie handeln. Ihr Mann sollte spüren wie sehr sie auf seiner Seite war.

Werther schrieb an dem Tag vor Weihnachten einen Brief an seinen Freund. Am Abend ging er zu Lotte. Er fand sie allein. Sie machte Geschenke für ihre kleinen Geschwister fertig. Werther sprach darüber, wie glücklich die Kinder sein werden. Er erinnerte sich, wie toll es früher war, einen geschmückten Baum mit Kerzen und Süßigkeiten zu sehen. Lotte sagte, Werther bekommt auch ein Geschenk, wenn er sich gut benimmt. Sie sagte ihm, er soll am Donnerstagabend kommen. An diesem Abend ist Weihnachten. Dann gibt es Geschenke für alle. Aber früher soll Werther nicht kommen. Werther war überrascht. Lotte sagte, sie braucht Ruhe. Sie sagte auch, es muss sich etwas ändern. Werther ging im Zimmer hin und her. Er war unruhig. Er wiederholte immer wieder: „Es muss sich etwas ändern“. Lotte versuchte, ihn abzulenken. Sie stellte ihm viele Fragen. Aber es half nichts.

„Nein, Lotte“, sagte er laut, „ich werde Sie nicht nochmal sehen!“ „Warum?“, fragte sie. „Werther, Sie können uns wiedersehen. Beruhigen Sie sich. Warum müssen Sie immer so starke Gefühle haben? Bitte, beruhigen Sie sich!“ Sie nahm seine Hand. „Seien Sie ruhig, Werther!“, sagte sie. „Merken Sie nicht, dass Sie sich selbst schaden? Warum wollen Sie gerade mich? Ich gehöre einem anderen. Ist es, weil Sie mich nicht haben können?“ Er nahm seine Hand weg und sah sie böse an. „Klug!“, rief er. „Hat Albert das gesagt? Sehr schlau!“ „Jeder könnte das sagen“, antwortete sie. „Gibt es denn kein anderes Mädchen für Sie? Versuchen Sie, sich zu überwinden. Suchen Sie, und ich verspreche Ihnen, Sie werden finden! Ich mache mir schon lange Sorgen um Sie. Sie haben sich selbst begrenzt. Versuchen Sie, sich zu überwinden. Eine Reise wird Ihnen guttun. Finden Sie jemanden, den Sie lieben können. Kommen Sie dann zurück. Dann können wir zusammen echte Freunde sein.“ „Das könnte man ausdrucken und zum Lehrbuch machen“, sagte er und lachte kalt. „Liebe Lotte! Geben Sie mir noch etwas Ruhe. Alles wird gut!“ Lotte sagte erneut: „Werther, kommen Sie bitte nicht vor Weihnachtsabend!“ Er wollte antworten, aber Albert kam herein. Sie sagten sich kühl „Guten Abend“ und liefen unbehaglich im Zimmer herum. Werther begann ein belangloses Gespräch. Es endete schnell. Albert tat dasselbe und sprach dann mit seiner Frau über Aufgaben des Alltags. Als er hörte, dass sie noch nicht erledigt waren, sagte er ihr einige Worte. Diese Worte kamen Werther kalt und sogar hart vor. Er wollte gehen, zögerte aber bis acht Uhr. Sein Ärger wuchs, bis der Tisch gedeckt wurde. Dann nahm er seinen Hut und Stock. Albert bat ihn zu bleiben. Aber Werther dachte, Albert sagt das nur aus Höflichkeit. Er bedankte sich kühl und ging weg.

Er kam nach Hause. Er nahm seinem Diener das Licht weg. Der Diener wollte ihm leuchten. Werther ging aber allein in sein Zimmer. Er weinte laut. Er redete aufgeregt mit sich. Er lief in der Stube hin und her. Dann legte er sich mit Kleidern ins Bett. Der Diener fand ihn so. Der Diener kam um elf Uhr ins Zimmer. Er fragte, ob er ihm die Stiefel ausziehen soll. Das durfte er machen. Werther sagte dem Diener, er soll am Morgen nicht kommen. Er soll warten, bis er gerufen wird.

Am Montagmorgen, den 21. Dezember, schrieb er einen Brief an Lotte. Nach seinem Tod fand man den Brief. Er war geschlossen. Er lag auf seinem Schreibtisch. Man gab ihn Lotte. Ich werde den Brief hier zeigen. Ich zeige ihn Stück für Stück.

„Lotte, ich habe entschieden zu sterben. Ich schreibe dir das ruhig. Heute Morgen sehe ich dich zum letzten Mal. Wenn du das liest, bin ich schon im Grab. Ich bin der Mann, der keine Ruhe fand. Ich hatte eine schlimme Nacht. Aber die Nacht hat mir geholfen zu entscheiden: Ich will sterben!"

Gestern habe ich mich von dir losgerissen. Ich war sehr aufgewühlt. Ich fühlte mich sehr schlecht bei dir. Ich kam kaum in mein Zimmer. Ich warf mich auf die Knie. Ich weinte sehr. Viele Gedanken kamen mir. Am Ende dachte ich nur noch: Ich will sterben. Ich legte mich hin. Am Morgen dachte ich immer noch: Ich will sterben. Ich bin sicher, dass mein Leben vorbei ist. Ich will für dich sterben, Lotte. Ich muss es dir sagen. Einer von uns muss gehen. Ich will es sein. Manchmal wollte ich deinen Mann töten. Oder dich. Oder mich. Aber so soll es sein. Wenn du auf den Berg gehst, denke an mich. Ich kam oft durch das Tal. Schau dann zum Friedhof. Schau zu meinem Grab. Sieh, wie der Wind das Gras bewegt. Ich war ruhig, als ich anfing zu schreiben. Jetzt weine ich wie ein Kind. Alles kommt wieder hoch.

Um zehn Uhr rief Werther seinen Diener. Beim Anziehen sagte er ihm, dass er bald wegfahren wird. Der Diener soll die Kleider sauber machen und alles zum Packen bereit legen. Werther sagte ihm auch, er soll Rechnungen bezahlen, Bücher zurückholen und Armen Geld geben. Werther wollte den Armen Geld für zwei Monate im Voraus geben.

Werther aß in seinem Zimmer. Nach dem Essen ritt er zum Amtmann. Aber der Amtmann war nicht Zuhause. Werther ging im Garten hin und her. Er war sehr nachdenklich und traurig.

Die kleinen Kinder vom Amtmann waren Zuhause. Sie spielten mit ihm und erzählten von Weihnachtsgeschenken. Sie sagten, bald sei Weihnachten. Werther rief: „Morgen! Und noch ein Tag!" Er küsste alle Kinder. Als er gehen wollte, flüsterte ihm ein Kind etwas. Das Kind sagte, es habe Neujahrswünsche geschrieben. Für viele Leute, auch für Werther. Werthers Herz berührte das. Er gab jedem Kind ein Geschenk. Dann ritt er auf seinem Pferd weg und grüßte den Amtmann. Er hatte Tränen in den Augen.

Er kam um fünf Uhr nach Hause. Er sagte der Magd, sie soll das Feuer im Blick behalten. Sie soll es die ganze Nacht am Brennen halten. Er sagte dem Diener, er soll Bücher und Wäsche in den Koffer tun. Er soll auch die Kleider einpacken. Dann schrieb er einen Teil seines letzten Briefes an Lotte.

„Du denkst, ich komme nicht! Du glaubst, ich warte bis Weihnachten, um dich zu sehen. O Lotte! Heute oder nie. An Weihnachten liest du diesen Brief. Du zitterst und weinst darüber. Ich muss es tun. Ich bin froh, dass ich mich entschieden habe."

Lotte fühlte sich komisch. Nachdem sie mit Werther gesprochen hatte, wusste sie, es wird schwer. Schwer, sich von ihm zu trennen. Sie wusste auch, es wird ihm wehtun, wenn er gehen muss.

Es war jetzt klar: Werther kommt vor Weihnachten nicht zurück. Ihr Mann Albert ist zu einem Amtsmann gereist. Er musste dort über Nacht bleiben.

Lotte war jetzt allein. Keine ihrer Geschwister war bei ihr. Sie dachte nach. Über sich und ihre Situation.

Sie fühlte sich für immer mit Albert verbunden. Sie kannte seine Liebe und Treue. Sie mochte ihn sehr. Er war ruhig und zuverlässig. Sie dachte, er sei perfekt für eine gute Frau. Sie wusste, er würde immer für sie und ihre Kinder da sein. Aber sie mochte auch Werther sehr. Seit sie ihn kannte, verstanden sie sich gut. Sie hatten viel Zeit miteinander verbracht. Viele Erlebnisse hatten ihr Herz berührt. Sie teilte alles Interessante mit ihm. Wenn er weg war, fehlte ihr etwas. Sie wünschte, er könnte ihr Bruder sein. Dann wäre sie glücklich. Oder sie könnte ihn an eine Freundin verheiraten. Dann könnte alles mit Albert wieder gut sein.

Sie dachte an ihre Freundinnen. Aber sie fand bei jeder etwas, das nicht zu Werther passte. Sie wollte ihn keiner geben.

Sie fühlte stark, dass sie ihn für sich haben wollte. Aber sie wusste auch, dass sie ihn nicht behalten konnte. Sie war traurig und ohne Freude. Ihr Herz war schwer und ihre Augen waren traurig.

Es war fast halb sieben Uhr. Sie hörte Werther die Treppe hochkommen. Sie erkannte seine Schritte und seine Stimme. Ihr Herz klopfte stark, als er kam. Noch nie zuvor hatte es so stark geklopft. Sie wollte sich verstecken, als er ins Zimmer kam. Sie sagte schnell: „Sie haben ihr Versprechen nicht gehalten." Er antwortete: „Ich habe nichts versprochen." Sie sagte: „Sie hätten auf meine Bitte hören sollen. Ich bat für unsere Ruhe."

Sie wusste nicht, was sie sagte oder tat. Sie rief ihre Freundinnen, um nicht allein mit ihm zu sein. Er legte Bücher hin, die er mitgebracht hatte. Er fragte nach anderen Büchern. Sie wünschte ihre Freundinnen würden sofort kommen. Und dann wieder nicht. Die Hausdienerin kam zurück. Sie sagte, die Freundinnen können nicht kommen.

Sie wollte die Hausdienerin mit Arbeit in das Nebenzimmer setzen. Dann änderte sie ihre Meinung. Werther lief im Zimmer hin und her. Sie ging zum Klavier und fing an zu spielen. Aber es klappte nicht gut. Lotte beruhigte sich. Sie setzte sich neben Werther. Er saß schon auf dem Sofa.

„Haben Sie etwas zum Lesen?", fragte sie. Er hatte nichts. „In meiner Schublade liegt Ihre Übersetzung von Ossians Liedern", sagte sie. „Ich habe sie noch nicht gelesen. Sie sollten sie mir vorlesen. Aber es hat bisher nicht geklappt." Er lächelte, holte die Lieder und wurde sehr bewegt. Er fing an zu lesen.

„Stern der Nacht, du leuchtest schön im Westen. Du hebst dein helles Haupt aus den Wolken. Du gehst über den Hügel. Was schaust du an? Der Wind ist ruhig. Der Bach murmelt in der Ferne. Wellen spielen am Felsen. Fliegen summen über das Feld. Was schaust du an, schönes Licht? Du lächelst und gehst weiter. Die Wellen umgeben dich fröhlich und waschen dein schönes Haar. Leb wohl, sanfter Stern. Komm, herrliches Licht von Ossians Seele!"

Und das Licht erscheint stark.

Ich sehe meine alten Freunde. Sie treffen sich auf Lora, wie früher. Fingal kommt im Nebel. Seine Helden sind bei ihm. Auch die Sänger sind da: der graue Ullin, der große Ryno, der süße Sänger Alpin und die traurige Minona. Ihr seid anders als früher. Damals auf Selma haben wir zusammen gesungen. Es war wie der Wind, der das Gras bewegt.

Minona kam heraus. Sie war schön. Sie schaute nach unten und weinte. Ihr Haar wehte im Wind. Die Helden wurden traurig, als sie sang. Sie kannten das Grab von Salgar und das dunkle Zuhause von Colma. Colma war allein auf dem Hügel. Sie hatte eine schöne Stimme. Salgar sagte, er kommt zurück. Aber es wurde Nacht.

Colma sagt: Es ist Nacht. Ich bin allein auf dem windigen Hügel. Der Wind pfeift und der Fluss rauscht. Kein Haus schützt mich vor dem Regen. Mond, komm raus! Sterne, leuchtet! Zeigt mir den Weg zu meiner Liebe. Er ruht von der Jagd, sein Bogen ist abgelegt, seine Hunde sind bei ihm. Aber ich muss hier allein auf dem Felsen sitzen.

Der Wind weht stark und ich kann meinen Liebsten nicht hören. Warum kommt mein Salgar nicht? Hat er sein Versprechen vergessen? Hier ist der Fels, der Baum und der laute Fluss. Du sagtest, du kommst bei Nacht. Wo bist du, Salgar? Ich wollte mit dir weggehen, meine Familie verlassen. Unsere Familien mögen sich nicht, aber wir beide mögen uns, Salgar.

Bitte Wind, sei kurz still. Bitte Fluss, sei kurz leise. Dann kann meine Stimme weit tragen. Dann kann Salgar mich hören. Salgar, ich rufe dich! Hier ist der Baum und der Fels. Salgar, mein Liebster! Ich bin hier. Warum kommst du nicht?

Der Mond ist da. Der Fluss glänzt. Die Felsen sind grau. Aber ich sehe ihn nicht. Seine Hunde sagen nicht, wann er kommt. Ich muss allein warten.

Wer liegt dort unten? Ist es mein Liebster? Mein Bruder? Sprecht, Freunde! Sie sind still. Ich habe Angst. Sie sind tot. Ich bin voll Blut vom Kampf. Bruder, warum hast du Salgar getötet? Salgar, warum hast du meinen Bruder getötet? Ich mochte euch beide so sehr. Du warst so schön, Salgar. Die Schlacht war furchtbar.

Antwortet mir! Hört mich! Aber sie sind still, für immer still. Sie sind kalt wie die Erde.

Ruft, Geister der Toten, ruft von dem hohen Berg! Ich habe keine Angst. Wo seid ihr jetzt? Wo kann ich euch finden? Ich höre keine leise Stimme im Wind, keine Antwort im Sturm. Ich bin traurig und warte auf den Morgen. Macht das Grab für die Toten fertig. Schließt es aber nicht, bevor ich da bin. Mein Leben geht vorbei wie ein Traum. Ich kann nicht hier bleiben. Ich werde bei dem Felsen sein, wenn es Nacht wird. Wenn der Wind weht, werde ich traurig sein über meine Freunde. Der Jäger hört mich und hat Angst vor meiner Stimme. Aber er mag sie auch. Meine Stimme soll schön sein für meine Freunde. Sie waren mir sehr wichtig.

Das hast du gesungen, Minona, Tochter von Torman. Wir haben um Colma geweint und waren traurig. Ullin kam mit seiner Harfe und spielte Alpins Lied. Alpins Stimme war angenehm, Rynos Seele war wie ein helles Feuer. Aber sie waren schon tot und ihre Stimme war nicht mehr in Selma zu hören. Ullin kam einmal von der Jagd zurück, bevor die Helden starben. Er hörte ihr Lied auf dem Berg. Es war schön, aber auch traurig. Sie sangen über den Tod von Morar, dem stärksten Helden.

Er hatte eine starke Seele und ein starkes Schwert. Aber er starb. Sein Vater war sehr traurig. Seine Schwester weinte viel. Sie hieß Minona. Sie hörte traurige Lieder und versteckte sich. Ich spielte Harfe zu den traurigen Liedern.

Ryno sagte:
Der Regen ist vorbei, die Sonne scheint wieder. Die Wolken gehen weg. Die Sonne kommt und geht. Der Fluss im Tal ist rot. Er klingt schön. Aber Alpins Stimme ist noch schöner. Alpin singt für einen Toten. Er ist alt und weint viel. Warum bist du allein, Alpin? Warum bist du so traurig?

Alpin antwortete:
Ich weine für den Toten, Ryno. Ich singe für die, die nicht mehr da sind. Du bist stark, aber du wirst auch sterben. Dann wird jemand auf deinem Grab traurig sein. Man wird dich vergessen. Dein Bogen wird nicht mehr benutzt.

Morar war schnell und stark. Er war wie ein Feuer am Himmel. Sein Zorn war wie ein Sturm. Sein Schwert blitzte im Kampf.

Deine Stimme war stark und laut. Nach dem Kampf warst du ruhig. Dein Gesicht war hell und friedlich. Deine Brust war still wie ein ruhiger See. Jetzt ist dein Grab klein und dunkel. Ich kann es in drei Schritten abmessen. Vier Steine zeigen, wo du liegst. Ein kahler Baum und langes Gras zeigen dem Jäger dein Grab. Niemand weint um dich. Deine Mutter und deine Geliebte sind tot.

Wer ist der alte Mann mit dem Stock? Seine Augen sind rot vom Weinen. Es ist dein Vater, Morar. Er hat nur dich als Sohn. Er hat von deinem Mut gehört. Aber er weiß nichts von deiner Wunde. Weine, Vater von Morar, weine! Aber dein Sohn hört dich nicht. Die Toten schlafen tief. Sie hören keine Stimmen und wachen nicht auf.

Leb wohl, tapferster Mensch! Du hast auf dem Feld gewonnen. Das Feld wird dich nie wieder sehen. Der dunkle Wald wird nie von deinem Schwert glänzen. Du hast keinen Sohn hinterlassen. Aber Lieder werden deinen Namen bewahren. Menschen in der Zukunft werden von dir hören. Sie werden von Morar hören, der gefallen ist.

Die Helden waren sehr traurig. Armin war am traurigsten. Er dachte an seinen Sohn, der jung starb. Carmor saß neben Armin. Carmor war der Chef von Galmal. „Warum seufzt Armin so laut?“ fragte er. „Warum weinst du? Lieder und Gesänge klingen doch schön. Sie sind wie Nebel, der vom See steigt. Der Nebel macht die Blumen nass. Aber dann kommt die Sonne zurück und der Nebel verschwindet. Warum bist du so traurig, Armin, Chef von Gorma?“

„Ja, ich bin traurig“, sagte Armin. „Ich habe einen guten Grund dafür. Carmor, du hast keinen Sohn verloren. Du hast keine Tochter verloren. Colgar, der mutige, lebt noch. Annira, das schönste Mädchen, lebt noch. Deine Familie wächst weiter. Aber ich bin der Letzte meiner Familie. Dein Bett ist dunkel, Daura. Dein Schlaf im Grab ist still. Wann wirst du wieder singen? Wann wirst du wieder deine schöne Stimme hören lassen? Herbstwinde, kommt! Stürmt über das dunkle Land! Flüsse im Wald, rauscht! Heult, ihr Bäche in den Baumwipfeln! Mond, komm durch die Wolken! Zeig uns dein blasses Gesicht!“

Denke an die schlimme Nacht, als meine Kinder starben.
Arindal, der Starke, fiel. Daura, die ich liebte, starb auch.

„Daura, meine Tochter, du warst hübsch. Hübsch wie der Mond über den Hügeln von Fura. Weiß wie Schnee. Süß wie die Luft. Arindal, dein Bogen war kräftig. Dein Speer war schnell im Kampf. Dein Blick war wie Nebel über dem Wasser. Dein Schild war wie eine Feuerwolke im Sturm.

„Armar, bekannt als Krieger, kam. Er wollte Dauras Liebe gewinnen. Sie sagte bald Ja. Ihre Freunde hatten große Hoffnung.“

Erath, Sohn von Odgal, war wütend. Sein Bruder wurde von Armar getötet. Er kam verkleidet als Schiffsmann. Sein Boot sah schön aus auf dem Wasser. Seine Haare waren weiß vom Alter. Sein Gesicht war ernst.

„Schönstes Mädchen“, sagte er, „liebe Tochter von Armin. Dort am Felsen, nicht weit im Meer, leuchtet eine rote Frucht am Baum. Dort wartet Armar auf Daura. Ich bringe dich zu ihm über das Meer.“

Sie folgte ihm und rief nach Armar. Aber nur der Fels antwortete. „Armar! Mein Lieber! Warum machst du mir Angst? Hör zu, Sohn von Arnarth! Es ist Daura, die dich ruft!"

Erath, der Böse, floh lachend zum Land. Sie rief laut nach ihrem Vater und Bruder: „Arindal! Armin! Kann niemand seine Daura retten?"

Ihre Rufe erreichten das Meer.

Arindal, mein Sohn, kam vom Berg. Er hatte viel gejagt. Seine Pfeile klapperten. Er hielt seinen Bogen. Fünf große Hunde waren bei ihm. Er sah Erath am Wasser. Er packte ihn und band ihn an einen Baum. Erath war festgebunden und stöhnte laut.

Arindal fuhr mit seinem Boot los. Er wollte Daura holen. Armar war wütend und schoss einen Pfeil. Der Pfeil traf Arindal ins Herz. Arindal fiel am Felsen ins Wasser und starb. Dauras Bruder blutete am Boden. Daura war sehr traurig. Die Wellen zerstörten das Boot. Armar sprang ins Wasser, um Daura zu retten oder zu sterben. Eine Welle nahm ihn mit. Er tauchte nicht wieder auf.

Ich stand allein auf einem Felsen am Meer. Ich hörte meine Tochter weinen. Sie weinte laut, aber ich konnte sie nicht retten. Die ganze Nacht war ich am Wasser. Ich sah sie im Mondlicht. Ich hörte sie die ganze Nacht schreien. Der Wind war laut und der Regen stark. Ihre Stimme wurde leiser bis zum Morgen. Dann war sie still wie die Luft am Abend. Sie starb und ich war sehr traurig."

Ein Strom von Tränen brach aus Lottes Augen. Er machte ihrem gepressten Herzen Luft und hemmte Werthers Gesang. Er warf das Papier hin, fasste ihre Hand und weinte die bittersten Tränen. Lotte versteckte ihre Augen im Taschentuch. Beide waren sehr bewegt. Sie fühlen den Schmerz zusammen und ihre Tränen vermischten sich.

Werthers Lippen und Augen glühten in Lottes Armen. Ein Schauer überfiel sie. Sie wollte sich entfernen, und Schmerz und Anteil lagen wie Blei auf ihr. Sie atmete, um sich zu erholen. Sie bat ihn schluchzend fortzufahren, bat mit der ganzen Stimme des Himmels! Werther zitterte, sein Herz wollte bersten, er hob das Blatt auf und las halb gebrochen:

„Warum rufst du mich, Frühlingsluft? Du sagst, du bringst Tropfen vom Himmel. Aber bald werde ich verwelken, bald kommt der Sturm, der meine Blätter wegweht. Morgen wird der Wanderer kommen. Er hat mich früher in meiner Schönheit gesehen. Er wird mich suchen und nicht finden."

Die ganze Gewalt dieser Worte fiel über den Unglücklichen. Er warf sich vor Lotte nieder in der vollen Verzweiflung. Er nahm ihre Hände, drückte sie in seine Augen, an seine Stirn, und ihr schien eine Ahnung seines schrecklichen Vorhabens durch die Seele zu fliegen. Sie drückte seine Hände gegen ihre Brust. Sie beugte sich zu ihm. Ihre heißen Wangen berührten sich. Sie vergaßen alles um sich herum. Er umarmte sie fest. Er drückte sie an sich. Er küsste sie heftig.

„Werther!", rief sie leise und wandte sich ab. „Werther!" Sie schob ihn sanft weg. „Werther!", sagte sie klar und stark. Er ließ sie los. Er warf sich auf den Boden vor ihr. Sie stand schnell auf. Sie war verwirrt und zitterte. Sie war zwischen Liebe und Ärger hin- und hergerissen. „Das ist das letzte Mal! Werther! Du siehst mich nicht wieder." Sie sah ihn liebevoll und zornig zugleich an. Dann ging sie schnell in ein anderes Zimmer. Sie schloss die Tür.

Werther streckte die Arme nach ihr aus. Er traute sich nicht sie festzuhalten. Er lag auf dem Boden mit dem Kopf auf dem Sofa. So blieb er lange liegen. Dann hörte er ein Geräusch. Die Hausdienerin wollte den Tisch decken. Er lief im Zimmer herum. Dann war er wieder allein. Er ging zur Tür des Nebenzimmers. Leise rief er: „Lotte! Lotte!"

„Leb wohl!“, sagte er zu Lotte und ging weg. Er ging durch das Stadttor. Die Wächter ließen ihn gehen. Werther verließ die Stadt. Es war schlechtes Wetter. Später fand man seinen Hut auf einem Felsen. Niemand weiß, wie er dort hinkam. Er kam nach Hause und war nass. Sein Diener half ihm, sich auszuziehen. Werther schlief lange. Am nächsten Morgen schrieb er an Lotte.

„Zum letzten Mal, zum letzten Mal schlage ich diese Augen auf. Sie sollen, ach, die Sonne nicht mehr sehn, ein trüber, nebliger Tag hält sie bedeckt. So traure denn, Natur! Dein Sohn, dein Freund, dein Geliebter nähert sich seinem Ende. Lotte, das ist ein Gefühl ohnegleichen, und doch kommt es dem dämmernden Traum am nächsten, zu sich zu sagen: das ist der letzte Morgen.“

Ich habe gesehen, wie Menschen sterben. Aber Menschen verstehen oft nicht, was Anfang und Ende des Lebens bedeuten. Jetzt denke ich: „Das ist meins, das ist deins.“ „Das gehört dir, meine Liebe!“ Und dann, plötzlich getrennt. Vielleicht für immer? Nein, Lotte, nein. Wie kann ich sterben? Wie kannst du sterben? Wir leben doch! Sterben? Was bedeutet das? Das Wort fühlt sich leer an. Tot, Lotte. In der kalten Erde begraben, so eng, so dunkel. Ich hatte eine Freundin. Sie war alles für mich, als ich jung war. Sie starb. Ich ging zu ihrer Beerdigung. Ich sah, wie der Sarg in die Erde gelassen wurde. Die Seile bewegten sich schnell. Die erste Schaufel Erde fiel auf den Sarg. Der Klang wurde dumpfer, bis alles bedeckt war. Ich fiel neben das Grab. Ich war sehr bewegt und wusste nicht, was mit mir passiert. Sterben? Grab? Ich verstehe diese Worte nicht.

Bitte verzeih mir! Verzeih mir! Gestern hätte mein letzter Moment sein können. Oh du Engel! Zum ersten Mal war ich sicher: Sie liebt mich! Sie liebt mich! Das heilige Feuer deiner Küsse brennt noch auf meinen Lippen. Neue Wärme ist in meinem Herzen. Bitte verzeih mir! Verzeih mir!

Ich wusste, Du liebst mich! Ich sah es in deinen Augen. Ich spürte es beim Händedruck. Aber wenn ich weg war und dich mit Albert sah, zweifelte ich wieder. Erinnerst du dich an die Blumen, die du mir geschickt hast? Du konntest in der Runde vom Menschen nicht mit mir sprechen. Ich habe die Nacht neben den Blumen verbracht. Sie zeigten mir deine Liebe. Doch diese Gefühle gingen weg. Sie gingen weg wie das Gefühl für Gott. Auch das schwindet manchmal.

Aber das Gefühl von gestern bleibt. Ich habe deine Lippen gespürt. Ich habe dich gehalten. Deine Lippen haben gezittert. Du bist mein. Ja, Lotte, für immer.

Was bedeutet deine Ehe mit Albert? Ist es eine Sünde, dich zu lieben? Ist es eine Sünde, dich zu wollen? Wenn ja, dann bestrafe ich mich selbst. Ich habe diese Sünde voll genossen. Ich habe Kraft daraus gezogen. Ab jetzt bist du mein. Mein, Lotte! Ich gehe voraus. Zu meinem Vater und deinem Vater. Ich werde es ihm sagen, und er wird mich trösten. Wenn du kommst, fliege ich zu dir. Ich halte dich fest und bleibe bei dir. Wir sind dann zusammen, für immer.

Ich träume nicht. Es wird klarer, wenn ich fast sterbe. Wir werden leben! Wir werden uns wiedersehen! Deine Mutter sehen! Ich werde mit ihr reden und alles sagen. Deine Mutter ist genau wie Du!

Werther fragt seinen Diener gegen elf Uhr, ob Albert zurück ist. Der Diener sagt ja. Werther gibt ihm einen Zettel: „Kann ich deine Pistolen für eine Reise ausleihen? Pass gut auf dich auf!“

Lotte hatte die Nacht wenig geschlafen. Was sie befürchtet hat, ist passiert. Sie konnte es nicht ahnen. Sie fühlte sich schlecht. Tausende Empfindungen zerrütteten ihr Herz. Fühlte sie das Feuer von Werthers Umarmungen? War sie wütend über seine Kühnheit?

Dachte sie an früher, als alles einfacher war? Wie soll sie ihrem Mann begegnen? Wie soll sie Albert von der Sache erzählen? Darf sie? Soll sie?

Sie hatten lange nicht miteinander geredet. Sollte sie die erste sein, die wieder spricht? Sollte sie das jetzt tun und ihrem Mann etwas Unerwartetes sagen? Sie hatte Angst. Die Nachricht von Werthers Besuch wird ihrem Mann nicht gefallen. Und was würde er zu der neuen, schlimmen Lage sagen? Würde ihr Mann das alles verstehen, ohne falsch zu denken? Wollte sie, dass er ihre Gefühle kennt? Aber konnte sie vor ihrem Mann etwas verbergen? Sie hatte ihm immer alles gesagt. Sie machte sich viele Sorgen. Sie dachte immer wieder an Werther. Werther war für sie verloren. Sie konnte ihn nicht festhalten. Sie musste ihn alleine lassen. Wenn er sie verlor, hatte er nichts mehr.

Es war schwer für sie. Sie konnte nicht klar denken. Die Stille zwischen ihnen war mächtig. Kluge und gute Menschen hörten auf zu reden, weil sie heimlich verschiedener Meinung waren. Jeder dachte über sein Recht und das Unrecht des anderen nach. Ihre Beziehung wurde kompliziert und verwirrt. Es war unmöglich, das Problem zu lösen. Aber gerade jetzt war es am wichtigsten.

Wenn sie sich früher besser verstanden hätten, hätte Liebe ihnen vielleicht geholfen. Vielleicht hätte das unseren Freund gerettet. Noch etwas Seltsames passierte. Werther wollte die Welt verlassen. Das wissen wir aus seinen Briefen. Albert war nicht einverstanden. Er und Lotte sprachen manchmal darüber. Albert glaubte nicht wirklich daran. Er machte sogar Witze darüber. Das beruhigte Lotte manchmal. Aber manchmal konnte sie deshalb ihre Sorgen nicht mit Albert teilen.

Albert kam zurück. Lotte ging schnell zu ihm. Er war nicht fröhlich. Seine Arbeit war nicht fertig. Der Amtmann nebenan war stur und kleinlich. Der schlechte Reiseweg hatte ihn auch genervt. Er fragte, ob etwas passiert sei. Lotte antwortete schnell: Werther war gestern hier.

Er fragte, ob Briefe für ihn da sind. Man sagte ihm, ja, ein Brief und Pakete sind in seinem Zimmer. Er ging dorthin. Lotte blieb allein. Sie dachte an den Mann, den sie liebt. Sie fühlte sich ruhiger, als sie an Alberts guten Taten dachte. Sie wollte zu ihm gehen. Sie nahm ihre Arbeit und ging in sein Zimmer. Das macht sie oft. Sie sah, wie er Pakete öffnete und Briefe las. Einige Briefe machten ihn nicht glücklich. Sie stellte ihm ein paar Fragen. Er antwortete kurz und fing an zu schreiben.

Sie waren eine Stunde zusammen. Es wurde dunkler in Lottes Herz. Sie wusste, es wird schwer, ihrem Mann ihre Sorgen zu sagen. Sie wurde traurig und versuchte, ihre Tränen zu verstecken.

Dann kam Werthers Diener. Er gab Albert einen Zettel. Albert sagte ruhig zu Lotte, gib ihm die Pistolen. Er sagte zum Diener, er soll eine gute Reise haben. Das traf Lotte hart. Sie wollte aufstehen, aber wusste nicht, was los ist.

Sie ging langsam zur Wand. Sie zitterte, als sie das Gewehr nahm. Sie wischte den Staub weg. Sie zögerte. Albert schaute sie fragend an. Das drängte sie. Sie gab das Gewehr dem Diener. Sie konnte nichts sagen. Der Diener ging aus dem Haus. Sie räumte auf. Sie ging in ihr Zimmer. Sie war sehr unsicher. Ihr Herz hatte Angst vor schlimmen Dingen. Sie wollte fast zu ihrem Mann gehen. Sie wollte ihm alles sagen. Über den Abend davor, ihre Schuld und ihre Sorgen.
Aber sie sah keinen Weg, wie es weitergehen könnte. Sie glaubte nicht, dass sie ihren Mann überreden könnte, zu Werther zu gehen. Der Tisch wurde gedeckt. Eine Freundin kam vorbei, um etwas zu fragen.
Die Freundin wollte gleich wieder gehen, blieb aber doch. So war das Gespräch beim Essen ganz angenehm. Alle bemühten sich zu reden und Geschichten zu erzählen.

Der Diener brachte die Pistolen zu Werther. Werther war sehr froh darüber. Er hörte, dass Lotte sie ihm gegeben hatte. Er bestellte Brot und Wein. Er sagte dem Diener, er solle essen gehen. Dann setzte sich Werther hin, um zu schreiben.

„Du hast die Pistolen angefasst", schrieb er. „Du hast den Staub weggeputzt. Ich küsse sie viele Male. Du hast sie berührt! Und du, Geist des Himmels, hilfst mir bei meinem Plan. Und du, Lotte, gibst mir das Werkzeug. Von dir möchte ich den Tod bekommen."

Ich habe meinen Diener ausgefragt. Du hast gezittert, als du ihm etwas gabst. Du hast nicht „Auf Wiedersehen" gesagt. Hast du mich nicht mehr lieb, nur wegen diesem Moment? Lotte, ich werde das nie vergessen. Und ich weiß, du hasst mich nicht.

Nach dem Essen hat Werther den Diener alles einpacken lassen. Er hat viele Papiere zerrissen. Er ist rausgegangen und hat kleine Schulden bezahlt. Er kam nach Hause und ging wieder raus, trotz Regen. Er ging in den Garten und in die Gegend. Als es Nacht wurde, kam er zurück und schrieb.

„Wilhelm, ich habe zum letzten Mal die Natur gesehen. Auch dir sage ich Lebewohl. Liebe Mutter, verzeih mir. Tröste sie, Wilhelm. Gott segne euch! Meine Sachen sind alle erledigt. Lebt wohl! Wir sehen uns wieder. Freudiger!"

„Albert, ich habe dir Unrecht getan, und du vergibst mir.
Ich habe Unruhe in dein Haus gebracht. Lebe wohl! Ich hoffe,
ihr beide seid glücklich, wenn ich tot bin. Albert, mach Lotte glücklich!
Gott segne dich!"

Er hat abends noch viel in seinen Papieren gearbeitet. Er hat vieles zerrissen und verbrannt. Er hat Pakete für Wilhelm versiegelt.

Er schrieb kleine Texte und Gedanken auf. Ich habe einige davon gelesen. Er machte um zehn Uhr Feuer und trank eine Flasche Wein. Dann schickte er seinen Diener ins Bett. Der Diener schlief in seinen Kleidern. Er wollte am Morgen schnell bereit sein. Sein Herr sagte, die Pferde kommen vor sechs Uhr.

Nach elf Uhr

Es ist sehr ruhig um mich. Ich fühle mich ruhig. Ich danke Gott für diese Ruhe und Kraft. Ich stehe am Fenster, meine Liebe, und sehe Sterne am Himmel. Die Sterne fallen nicht. Gott hält sie fest, und auch mich. Ich sehe meinen Lieblingsstern. Wenn ich nachts von dir wegging, sah ich ihn immer. Ich habe ihn oft angesehen und mich gefreut.
Alles erinnert mich an dich. Bist du nicht überall um mich?
Ich habe kleine Dinge genommen, die du berührt hast.

Liebes Bild! Ich gebe es dir zurück, Lotte, und bitte dich, es zu bewahren.

Ich habe viele Küsse und Grüße geschickt. Ich habe deinen Vater gebeten, auf meinen Körper aufzupassen. Ich möchte bei zwei Lindenbäumen auf dem Friedhof begraben sein. Bitte deinen Vater auch darum. Ich möchte nicht, dass andere Christen neben mir begraben sind. Ich wünsche mir, an einem Weg oder in einem Tal begraben zu sein. Dort sollen Menschen vorbeigehen und an mich denken.

Lotte, ich habe keine Angst zu sterben. Du hast mir geholfen, bereit zu sein. Alle meine Wünsche sind erfüllt. Es fühlt sich kalt an, an der Tür zum Tod zu stehen.

Ich hätte gern das Glück erlebt. Das Glück, für dich zu für dich zu sterben, Lotte. Ich wäre mutig und froh gestorben, um dir Frieden zu bringen. Aber nur wenige Menschen können für andere sterben und sie damit glücklich machen.

Ich möchte in diesen Kleidern begraben sein, Lotte. Du hast sie berührt. Ich habe deinen Vater darum gebeten. Meine Seele wird dann bei meinem Sarg sein.

Bitte wähle meine Taschen nicht aus. Du hattest eine hellrote Schleife an, als ich dich das erste Mal sah. Küsse sie und erzähle deinen Kindern von ihrem Freund. Ich liebe sie sehr. Ich konnte dich nicht loslassen. Die Schleife soll mit mir begraben werden. Du hast sie mir zum Geburtstag geschenkt. Ich habe alles geliebt. Ich dachte nicht, dass ich hierher kommen würde. Bitte beruhige dich! Die Waffen sind bereit - es ist Mitternacht. Also soll es sein. Leb wohl, Lotte!

Ein Nachbar sah das Licht vom Schuss und hörte den Knall. Aber alles war still. Also kümmerte er sich nicht weiter.

Am Morgen um sechs kam der Diener mit Licht ins Zimmer. Er fand seinen Herrn am Boden blutend mit einer Waffe. Er rief und berührte ihn. Aber er bekam keine Antwort. Er lief zu den Ärzten und zu Albert. Lotte hörte das Klingeln und zitterte am ganzen Körper. Sie weckte ihren Mann. Sie standen auf. Der Diener kam weinend und stotternd mit der Nachricht. Lotte fiel ohnmächtig vor Albert hin.

Als der Arzt ankam, war der Mann ohne Hoffnung am Boden. Sein Herz schlug noch, aber sein Körper war gelähmt. Er hatte sich über dem Auge erschossen und das Gehirn war herausgetrieben. Man ließ ihm zum Überfluß eine Ader am Arm. Werther atmete noch. Auf dem Stuhl war Blut. Man denkt, er hat sich am Schreibtisch verletzt. Dann fiel er hin. Er wälzte sich um den Stuhl. Er lag auf dem Rücken beim Fenster. Er hatte seine ganze Kleidung an. Er trug einen blauen Mantel und eine gelbe Weste.

Die Leute im Haus und in der Stadt waren sehr aufgeregt. Albert kam ins Zimmer. Werther lag auf dem Bett. Sein Kopf war verbunden. Sein Gesicht sah aus wie das eines Toten. Er bewegte sich nicht. Seine Atmung war sehr laut und unregelmäßig. Alle dachten, er würde bald sterben.

Er hatte nur ein Glas Wein getrunken. Ein Buch lag offen auf dem Schreibtisch: ‚Emilia Galotti', eine Liebestragödie von Gotthold Ephraim Lessing.

Ich will nichts über Alberts Schock und Lottes Trauer sagen.

Der alte Amtmann kam schnell ins Haus. Er weinte und küsste den Sterbenden. Die ältesten Söhne kamen auch. Sie weinten neben dem Bett. Sie küssten seine Hände und seinen Mund. Den ältesten Sohn mochte Werther besonders. Er blieb bei ihm, bis er starb. Dann musste man den Jungen wegziehen. Werther starb um zwölf Uhr mittags.

Der Amtmann sorgte dafür, dass es keine Menschenmenge gab. Nachts um elf wurde Werther begraben, wo er es wollte.

Der Amtmann ging hinter dem Toten her. Die Söhne auch. Albert konnte es nicht. Man machte sich Sorgen um Lottes Gesundheit. Arbeiter haben den Toten getragen. Kein Priester war dabei.

Impressum

Impressum

Bibliografische Information der Deutschen Nationalbibliothek:
Die Deutsche Nationalbibliothek verzeichnet diese Publikation in der Deutschen Nationalbibliografie; detaillierte bibliografische Daten sind im Internet über dnb.dnb.de abrufbar.

ISBN 978-3-911420-07-5

Kontakt: welcome@aibo-publishing.de
www.aibo-publishing.de

Text in Einfacher Sprache: Lars Albaum und Dr. Patrick Krause
Design: Andreas Stobbe
Druck: Libri Plureos GmbH, Friedensallee 273,
22763 Hamburg

Mit freundlicher Unterstützung von Eye-Able (eye-able.com).

Welt-Literatur in Einfacher Sprache

Wir wollen, dass alle Menschen Bücher lesen können.
Auch Menschen, die Probleme beim Lesen haben.
Wir benutzen einfache und leichte Sprache.
So können mehr Menschen bekannte Bücher verstehen.

Wir werden viele Bücher in Einfacher Sprache machen.
Wir wollen dafür Computer-Programme nutzen.
Experten werden die Texte dann prüfen.
Sie machen die Texte besser und leichter zu verstehen.
Menschen, die schwer lesen, sollen die Texte testen.
Ihre Meinung ist wichtig.
So wissen wir, ob die Texte gut sind.

Unser Ziel ist es, dass alle Menschen Bücher lesen können.
Jeder soll Bücher der Welt genießen können.
Egal, ob jemand Probleme mit Sprache hat oder nicht.
Unsere Arbeit hilft dabei, dass mehr
Menschen Kultur und Bildung bekommen.

Deshalb bringen wir viele Bücher in Einfacher und Leichter Sprache raus,
zum Beispiel die auf den folgenden Seiten...

Theodor Fontane – Effi Briest

Theodor Fontanes bekanntester Roman erscheint zum ersten Mal in Einfacher Sprache. Er entspricht weitgehend der Norm DIN 8581-1. Der Inhalt ist auch typografisch besonders lesefreundlich gestaltet. Das Buch eignet sich für Leserinnen und Leser mit eingeschränkter Lesefähigkeit (LRS) oder Deutsch als Zweitsprache. So können möglichst alle einen der berühmtesten deutschen Romane mit Genuss lesen und verstehen.

„Effi Briest“ handelt von Liebe und Freiheit. Eine junge Frau wird früh verheiratet. Sie ist hin- und hergerissen zwischen ihren Gefühlen und den strengen Regeln der Gesellschaft. Ihre Neugier und Lebensfreude ist ihr Schicksal. Sie steht zwischen zwei Männern. Diese liefern sich ein Duell. Das ist eigentlich nicht mehr zeitgemäß. Aber sie kennen keine anderen Prinzipien als die alten.

Der Roman spielt in Deutschland im 19. Jahrhundert. Man kann ihn mit dem russischen Roman „Anna Karenina“ oder der französischen „Madame Bovary“ vergleichen. „Effi Briest“ wurde weltberühmt und öfter verfilmt. Theodor Fontane gilt als Vertreter des poetischen Realismus.

Ausgabe als Taschenbuch
288 Seiten
ISBN 978-3-9826254-7-8
Bestellbar unter https://t.ly/KhmMK

Immanuel Kant – Was ist Aufklärung? Und weitere Schriften: Was heißt: sich im Denken orientieren? Zum ewigen Frieden.

Was ist Aufklärung?

Immanuel Kant lebte in der Zeit der Aufklärung. Die Kirche und der Staat diktierten, wie man leben und denken sollte. Dagegen lehnten sich viele Dichter und Denker auf. Wissenschaftler hatten der Kirche schon viele Fehler nachgewiesen. Dichter wie Voltaire und Denker wie Rousseau sagten: Menschen sollen nicht alles glauben. Dann sind sie nicht frei. Sie klärten die Menschen über ihre eigene Kraft auf: ihren Verstand und ihre Vernunft. Im Denken kann man sich selbst orientieren.

Zum ewigen Frieden.

In Kants Zeit gab es viele Kriege und Revolutionen. Kant glaubte: Die menschliche Vernunft kann Kriege beenden. Dann herrscht für immer Frieden auf der Welt. Er dachte über die Voraussetzungen dafür nach. Auf Basis von diesem Text hat man in New York die Vereinten Nationen gegründet. Sie versucht diesen Frieden auf der ganzen Welt herzustellen.

Ausgabe als Taschenbuch
72 Seiten
ISBN 978-3-911420-03-7
Bestellbar unter https://t.ly/XlGtW

Edgar Allan Poe – Der Untergang des Hauses Usher und andere Kurzgeschichten

Eine Auswahl von Poes Kurzgeschichten erscheint hier in Einfacher Sprache. Der Text entspricht weitgehend der Norm DIN 8581-1. Der Inhalt ist typografisch besonders lesefreundlich gestaltet. Das Buch eignet sich auch für Leserinnen und Leser mit eingeschränkter Lesefähigkeit (LRS) oder Deutsch als Zweitsprache.

Der amerikanische Schriftsteller Edgar Allan Poe wurde mit seinen Gedichten und Schauergeschichten berühmt. In diesem Band sind seine bekannten Kurzgeschichten versammelt. Sie handeln von Menschen und ihren merkwürdigen Schicksalen. Sie erleben fast unmögliche Dinge. Mal scheinen sie selbst dafür verantwortlich zu sein. Mal erleben sie nahezu gespenstische Dinge. Mörder erzählen ihre eigene Geschichte. Detektive decken eine scheinbar unmögliche Begebenheit auf … und sogar Seemannsgarn kann bei Edgar Allan Poe wie Horror klingen. Bekannt wurde auch die Vertonung einiger „Erzählungen voller Geheimnisse und Fantasie" („Tales of Mystery and Imagination") vom Musiker Alan Parsons in den Siebziger Jahren. Poe gilt als einer der Väter des „Mystery Thrillers".

Ausgabe als Taschenbuch
130 Seiten
ISBN 978-3-911420-12-9
Bestellbar unter https://t.ly/wjw8H

Franz Kafka – Ein Landarzt Kleine Erzählungen Die Verwandlung

„Ein Landarzt“ ist eine berühmte Sammlung von Kafkas Erzählungen, „Die Verwandlung“ seine berühmteste. Franz Kafkas selbst autorisierte Erzählungen erscheinen im Kafka-Jahr 2024 in Einfacher Sprache. Der Inhalt ist typografisch besonders lesefreundlich gestaltet. Das Buch eignet sich für Leserinnen und Leser mit Deutsch als Zweitsprache sowie eingeschränkter Lesefähigkeit (LRS).

In dieser Sammlung können sich die Leser Schritt für Schritt Franz Kafkas Erzählkunst von kurzen Miniaturen bis zur großen Erzählung nähern: Ein Rechtsanwalt heißt wie das Pferd des griechischen Königs Alexander der Große. Scheint er deshalb auch zu reiten? Eine Kunstreiterin reitet scheinbar ewig im Kreis. Ein Bote kommt nie an. Ein Türhüter lässt jemanden ein Leben lang nicht ein, obwohl die Tür nur für ihn da war. Ein Tier verwandelt sich zum Überleben in einen Menschen. Und ein Mensch in ein Tier. Ein Vater ist mit allen seinen elf Söhnen unzufrieden. Und Joseph K. träumt …

Ausgabe als Taschenbuch
98 Seiten
ISBN 978-3-911420-16-7
Bestellbar unter https://t.ly/4GIVt

Jacob und Wilhelm Grimm – Deutsche Märchen

Der amerikanische Psychologe Joseph Campbell analysierte etliche Mythen und Märchen der Welt und fand überall die gleichen Themen: die Fragen und Bedürfnisse der menschlichen Seele. Das gilt auch für die Märchen der Brüder Grimm. Deshalb sind sie heute noch aktuell.

Märchen sind Geschichten zum Weitererzählen. Die Kinder- und Hausmärchen der Brüder Grimm erschienen zwischen 1812 und 1858. Erst sammelten die Romantiker Clemens Brentano, Achim von Arnim und Johann Friedrich Reichardt lauter Liedtexte für ihren Sammelband „Des Knaben Wunderhorn“. Dann sollten die Brüder Grimm ihr Werk fortsetzen. Jacob und Wilhelm Grimm sammelten hunderte deutsche Volksmärchen und schrieben sie in einheitlichem Stil nieder.
Mit ihren mehr als 200 Geschichten schufen die Gebrüder Grimm eine eigene deutsche Mythologie. Ihre Märchen wurden bald in allen deutschen Haushalten vorgelesen. Die Parabeln enthalten unzählige Lehren.

Diese Auswahl von „Grimms Märchen“ erscheinen hier in Einfacher Sprache. Der Text entspricht weitgehend der Norm DIN 8581-1. Der Inhalt ist typografisch besonders lesefreundlich gestaltet und reich bebildert.

Ausgabe als Taschenbuch
140 Seiten
ISBN 978-3-911420-21-1
Bestellbar unter https://t.ly/5k6tL

Lewis Carroll – Alice im Wunderland

Nonsens, Satire und logische Verdrehungen: Seit 160 Jahren begeistert Lewis Carrolls fantasievolle Kindergeschichte „Alice im Wunderland“ Kinder, Eltern sowie Vertreter von Kunst, Literatur und Popkultur. Die Abenteuer und Begegnungen der kleinen Alice nach ihrem Sprung in den Kaninchenbau haben schon kurz nach ihrer Erscheinung Oscar Wilde, Queen Victoria und später die Surrealisten, James Joyce oder auch John Lennon fasziniert. Im sittenstrengen 19. Jahrhundert war es außer der Norm, einmal alle Regeln der Wissenschaften und der Vernunft auf den Kopf zu stellen; und gerade deshalb wurde das bunt illustrierte „Alice im Wunderland“ wohl zu solch einem Erfolg.

Der vielseitige Lewis Carroll wurde schon als Kind als Genie gehandelt, war in Mathematik wie in Theologie bewandert. Auch die Fotografie fesselte ihn. Beruflich wurde er Diakon. Bei einer Bootsfahrt auf der Themse zwangen ihn die Kinder seines Dekans – unter ihnen Alice Liddell – eine Geschichte zu erzählen und buchstäblich immer weiter zu spinnen. So entstand „Alice im Wunderland“, eines der erfolgreichsten Kinderbücher aller Zeiten.

Der Inhalt ist mit digitalen Illustrationen reich bebildert.

Ausgabe als Taschenbuch
136 Seiten
ISBN 978-3-911420-23-5
Bestellbar unter https://t.ly/-MCY0

Thomas Mann – Der Tod in Venedig

Gustav von Aschenbach ist ein bekannter Schriftsteller.
Er lebt sehr diszipliniert und für seine Arbeit.
Auf einer Reise nach Venedig begegnet er dem Jungen Tadzio.
Aschenbach bewundert seine Schönheit.
Er denkt über Kunst, Leben und Vergänglichkeit nach.
Die Bewunderung verändert ihn. Er verliert seine innere Ordnung.
In Venedig breitet sich eine gefährliche Krankheit aus.
Viele Menschen reisen ab. Aschenbach bleibt.

Die Geschichte handelt von:
- Schönheit und Vergänglichkeit,
- Vernunft und Gefühl,
- Leben und Tod.

„Der Tod in Venedig“ ist eine stille, nachdenkliche Geschichte.
Sie zeigt, wohin Gefühle einen Menschen führen können.

Dieses Buch erscheint zum allerersten Mal in Einfacher Sprache.
Der Text entspricht weitgehend der Norm DIN 8581-1.
Der Inhalt ist typografisch besonders lesefreundlich gestaltet.
Das Buch eignet sich auch für:
- Leser und Leserinnen mit eingeschränkter Lesefähigkeit (LRS),
- Menschen mit Deutsch als Zweitsprache.

Ausgabe als Taschenbuch
124 Seiten
ISBN 978-3-911420-56-3
Bestellbar unter https://t.ly/bdFJv